U0870289

基于素质教育的当代大学生教育研究

石　静◎著

文化发展出版社
Cultural Development Press
·北京·

图书在版编目（CIP）数据

基于素质教育的当代大学生教育研究 / 石静著 . —
北京 ：文化发展出版社，2023.10
ISBN 978-7-5142-4131-0

Ⅰ . ①基… Ⅱ . ①石… Ⅲ . ①大学生－素质教育－研究－中国 Ⅳ . ① G640

中国国家版本馆 CIP 数据核字 (2023) 第 206061 号

基于素质教育的当代大学生教育研究

石 静 著

出 版 人：宋 娜
责任编辑：侯 娜　　责任校对：岳智勇
责任印制：杨 骏　　封面设计：守正文化
出版发行：文化发展出版社（北京市翠微路 2 号 邮编：100036）
网 址：www.wenhuafazhan.com
经 销：全国新华书店
印 刷：天津和萱印刷有限公司

开 本：710mm × 1000mm 1/16
字 数：200 千字
印 张：10.5
版 次：2025 年 1 月第 1 版
印 次：2025 年 1 月第 1 次印刷

定 价：72.00 元
I S B N：978-7-5142-4131-0

前言

随着现代社会的快速发展，当今世界越来越需要年轻人具有广阔的胸怀，在德、智、体、美、劳等方面都有较高的素质。20 世纪 80 年代，为适应这一形势发展的需要，我国从基础教育起，实施素质教育，并逐步向高等教育全面推进。1995 年中共中央、国务院颁布了《关于深化教育改革全面推进素质教育的决定》，开始在高等学校开展大学生素质教育工作。经过 20 多年的发展，素质教育已深入人心，取得了显著的成绩。

在我国特定的历史时期，素质教育作为我国本土化的概念内容，能够体现党的教育方针和政策，并促进以人为本科学发展观的落实；素质教育，作为我国教育教学改革的先锋和模范，旨在实现人的全面发展，促进学生综合素质的提升。素质教育在本质上体现了人类社会进步的内在诉求和时代呼唤。素质教育的提出，实则反映了人们对应试教育问题的思考，旨在自觉探求提高人的素质修养这一现代社会的议题。因此，素质教育既不是简单的“应试教育”，又不是传统教育模式下的“智育至上”或“德育为先”的观念，而是一种全新的教育观和教学观。随着人们对知识和能力的关注逐渐增多，也开始看重个人综合能力的提升，这表明他们更加自觉地认识到，大学的终极目标应该是努力提高个人的人格内在素质。因此，大学要真正成为培养人的摇篮，必须重视人的全面和谐发展。从对知识和能力的过度关注，到对素质的深入关注，这是一个教育观念随着社会发展不断进步的过程，也是一个更加深刻地关注人类个人成长的过程。高等教育最基本的使命就是为人类提供全面而自由发展的机会与条件。高等教育所追求的一切社会价值目标，皆应以人的全面素质和卓越发展为根本宗旨。

本书共有五个章节，针对大学生素质以及素质教育进行了详细论述。第一章为当代大学生素质教育通论，主要内容有大学生素质与素质教育、素质教育与人的全面发展、大学生素质教育的现状和特性三部分；第二章为大学生道德素质教育，介绍了道德素质的基本内涵、大学生道德素质教育的基本要求、大学生道德素质教育的方法途径三部分内容；第三章为大学生人文素质教育，主要内容为人文素质基本内涵、大学生人文素质教育的基本要求、大学生人文素质教育的方法途径；第四章为大学生创新创业素质教育，主要内容为创新创业素质教育内涵、大学生创新素质教育、大学生创业素质教育和大学生创新创业素质教育实践四部分；第五章为当代大学生素质拓展与评估，主要有四部分内容分别是当代大学生素质能力拓展的作用、当代大学生素质拓展体系的构建、当代大学生素质评价的指标体系、当代大学生素质评价的指导办法。

在撰写本书的过程中，作者得到了许多专家学者的帮助和指导，参考了大量的学术文献，在此表示真诚的感谢！

由于作者水平有不足，加之时间仓促，本书难免存在一些疏漏，在此恳请同行专家和读者朋友批评指正。

石静

2023 年 3 月

目　录

第一章　当代大学生素质教育通论

本章主要介绍了有关大学生素质教育的基本内容，介绍大学生素质与素质教育，阐述了素质教育与人的全面发展之间的关系，分析了大学生素质教育的现状和特性。

第一节　大学生素质与素质教育

一个国家、一个民族、一个社会的文明程度和进步速度主要取决于人的素质，而人的素质的提高在很大程度上取决于这个国家、民族、社会教育事业的发展水平。任何一种教育都是从社会的需求和教育的发展特点出发的，并将培养、塑造和改造人作为根本目标的。作为未来社会的建设者和接班人，大学生能够促进民族的复兴和社会的发展。按照全面建成小康社会的目标要求，与时俱进，开拓创新，不断改进教育工作，切实提高大学生的各方面的素质，培养具有优秀综合素质的时代新人是摆在每位教育工作者面前的一个重要课题。

一、素质教育的意义与背景

（一）素质教育的提出背景

素质教育在当代中国的出现不是偶然的。20 世纪 80 年代以来，随着改革开放的逐步深入和经济建设的长足发展，我国国民素质水平不能适应现代化建设需要的矛盾日趋突出，基于此，党和国家在多次会议和文件中强调，必须注重提升人才素质、劳动力素质、国民素质、民族素质，这是对教育工作作出的新要求。在教育领域，尤其是基础的教育领域，受应试教育的影响最大，暴露出了较多问题，迫切需要开始转型。全国各地涌现出各种旨在克服自身问题的教育改革，这些自行开展的教育教学改革虽然在多方面存在较大的差异，名称也存在区别，但几乎都以全面提高受教育者素质为目的，因此被理论工作者归纳为“素质教育”的名称，这一决定引发了学界的讨论，这些争论不仅促进了理论研究的快速发展，也促进了实践的进一步发展。从某种意义上说，这场争论就是一次对传统应试教育模式的否定与超越的历史变革过程。1997 年，烟台市举办了全国中小学素质教育经验交流会，这一举措标志着素质教育在全国范围内成为教育改革的主要方向。从此，我国的素质教育进入全面推进、纵深发展的新时期。素质教育的理论研究和实践探索成果开始了快速的转化时期，最终成为科学、合理的决策。1993 年 2 月，颁发的《中国教育改革和发展纲要》，就从这一时期的基础教育关于“应试教育”与“素质教育”讨论的理论中吸取经验，明确提出“中小学要从‘应试教育’转向全面提高国民素质的轨道，面向全体学生，全面提高学生的思想道德、文化科学、劳动技能和身体心理素质，促进学生生动活泼的发展，办出各自的特色。”① 这一论断，不仅明确地把学校体育作为实施素质教育的一个组成部分列入国家教育方针之中，而且也是第一次以国家层面的文件来表述学校体育工作应该符合素质教育的要求。1999 年 6 月，全国教育工作会议正式召开，同时发布了《关于深化教育改革全面推进素质教育的决定》，从此，素质教育成为国家层面的战略决策，素质教育的实施过程开始具备一定的强制性。

在我国，人们最初明确提出素质教育的直接原因是针对“应试教育”倾向的，这一倾向影响了提高国民素质的教育目标的实现，给国家和民族的未来造成极大危害。素质教育今天已成为我们党和国家教育工作的战略决策，其意义需要重新认识。素质教育不仅在一定程度上克服“应试教育”的弊端，而且合乎人类教育的发展趋势，也合乎当代国际教育改革的潮流，既是逻辑的必然，又是历史的必然选择。

在 20 世纪 90 年代，全球的战略格局发生了深刻的演变，国际竞争的焦点不再局限于军事领域，而是更加注重经济和科技领域的全面发展。随着信息革命浪潮席卷全球，高新技术成为推动生产力发展的强大动力。随着高科技的不断发展，人类不仅认知水平得到了极大的提升，而且知识的获取和应用能力也得到显著的

① 江西教育网．中共中央、国务院《中国教育改革和发展纲要》[EB/OL]．(2005—12—13)[2023—03—15].http://jyt.jiangxi.gov.cn/art/2005/12/13/art_30381_1480737.html.

增强，从而推动了世界经济的转型之路。随着国际综合国力的竞争状况不断升级，科学技术等方面的竞争已经开始了新的阶段。教育在整个社会经济发展全局中的战略地位和基础地位得到巩固，这一发展态势彰显了教育对社会发展起到的重要作用。为此，各国家无不抓紧制定面向21世纪的教育发展战略，以牢牢掌握知识经济的主动权。面对世界经济政治发展带来的机遇和挑战，我国政府提出了科教兴国战略，培养高素质的人才，就应当放在各级各类学校的首位。素质教育就成为高等学校各项任务的重中之重。同时素质教育理论也开始形成。

“素质教育”是我国新时期教育改革和发展中出现的新生事物，是广大教育工作者通过艰苦探索不断发展和逐步完善起来的教育思想和实践模式。1999年6月，中共中央、国务院作出了《关于深化教育改革全面推进素质教育的决定》（以下简称《决定》），赋予“素质教育”若干新的理论含义，素质教育不仅是基础教育的任务，而且要贯穿于幼儿教育、中小学教育、职业教育、高等教育、成人教育等阶段和学校教育、家庭教育、社会教育等方面；素质教育不仅要在考试评价、课程教材等教学领域的改革上取得突破，而且需要在改革教育体制和教育结构以及优化教师队伍方面进行配套；素质教育是全面提高国民素质的必由之路，是我国教育事业的一场深刻变革和新世纪的重点工程，是关系社会主义事业兴旺发达和中华民族伟大复兴全局的大事，是党和政府的重要职责。造就一大批中国特色社会主义事业的建设者和接班人，历史的责任必然由各类学校特别是高等学校来承担。

恩格斯在描述16世纪文艺复兴时期的情景时，说过一段著名的话：“这是人类以往从来没有经历过的一次最伟大的、进步的变革，是一个需要巨人而且产生了巨人——在思维能力、激情和性格方面，在多才多艺和学识渊博方面的巨人的时代。”[①] 历史唯物主义认为时势造就人才，伟大的斗争造就伟大的人物。时代召唤人才，斗争锻炼人才，时势筛选人才。正如马克思所说：“每一个社会时代都需要有自己的大人物，如果没有这样的人物，它就要把他们创造出来。”[②] 伟大的人物是这样，一般的人才也是这样，一旦社会需要、历史条件成熟，新科学的发现，

① 马克思，恩格斯．马克思恩格斯选集：第4卷[M]．中共中央马克思恩格斯列宁斯大林著作编译局，译．北京：人民出版社，1995.

② 马克思，恩格斯．马克思恩格斯选集：第1卷[M]．中共中央马克思恩格斯列宁斯大林著作编译局，译．北京：人民出版社，1995.

新技术的发明、新产品的开辟，新时代的诞生就是必然的。与此同时，这些新事物的创造者或带头人才便会应运而生。

我国现代化建设和当前这场波澜壮阔、日渐深入的全面改革，尽管起步不久，所取得的进展和成就也只是初步的，但是我们已经欣喜地看到，历史上人才辈出的各项社会条件如历史转折、社会进步，政治稳定、经济繁荣，尊重人才、重视教育，百花齐放、百家争鸣，政策开放等都已初步具备。而且随着改革的深化，这些条件必将日益完备起来。因此，我们可以自豪地宣布；我国历史上人才辈出的新时代，正在迅速到来！这一切都是素质教育提出的主要背景。

（二）素质教育的价值意义

随着社会的不断发展，人们对于人生和社会的价值判断过程越来越关注，因此，探讨素质教育的意义和价值也变得越来越重要。

1. 素质教育对人的价值意义

素质教育推动了人类现代化的进程。它是一种面向全体、注重过程、强调方法、突出创新的教育模式。素质教育以个体的成长为基础，遵循人类发展和社会进步的规律性，使得全体学生实现身心和谐的全面发展。将学生的个人发展作为前提，深入挖掘人的内在潜能，弘扬人的独特个性，并将人的综合素质作为主要特征。

素质教育着眼于所有学生全面素质的培养和提高，素质教育从学生的实际出发，尊重学生的个性和选择，努力提供适应不同学生成才与发展所需要的内容和形式，营造有利于学生健康成长的环境与氛围，使广大学生能以饱满的热情、积极的心态、坚定的信念、广阔的视野，以及多方面的才能，去面对现代社会的各种挑战。从这一意义上讲，素质教育是一种弘扬人的主体性的教育，素质教育与现代社会对人的主体素质的要求是相适应的，有利于人的发展的多样化与个性化。

素质教育突出了人在现代化社会中的核心地位。在现代化建设的进程中，我们面临着来自主观、客观等方面的种种阻力与困境。如屡禁不止的环境污染、资源浪费；令人忧虑的道德滑坡、政风腐败；普遍存在的享乐主义、拜金主义等问题与人自身的素质关系最为密切，事实上往往是由这些问题构成社会发展的人为阻力和障碍。而要消除这些阻碍，从长远的观点看，一个主要的途径就是教育。

通过教育可以促进人们素质的全面发展，造就高素质、高层次的现代化人才，即通过素质教育实现人的现代化。所以素质教育无论是作为教育现代化的前提，还是作为现代教育的目标，都从不同的角度突出了人在现代化社会中的核心地位。

2．素质教育对教育改革的价值意义

随着教育改革的深入，随着人们对素质教育的探讨和完善，逐步形成一种共识，即不同层次、不同形式的教育，都应该重视素质教育。全体国民的素质教育是针对提高整体素质而言，这就使素质教育不仅成为学校教育的事情，而且成人教育、终身教育也要强调素质教育。不难看出，素质教育对我国教育改革的价值意义在于扩大了传统意义上教育的外延，赋予各种层次，各种类型的教育以新的内容，新的活力，使其更具有生命力，更具有时代性。

素质教育对教育改革最根本的价值意义在于把教育提升到“以人为本”的价值高度，使教育开始从“工具性”层面转向主体性。众所周知，“应试教育”以考试得分为方法，以把少数所谓“尖子”“精英”送入大学为唯一目的。片面追求升学率，素质教育为了使教育摆脱其“工具性”的困境，提供了新的教育理念，提供了具体的策略和措施。素质教育强调注重学生的主体性、创造性，注重学生潜能的发挥，注重学生全面和谐的发展。素质教育不仅为学生的深造做准备，还追求学生的终身发展效益。为学生学会做人、学会求知、学会劳动、学会生活、学会健体、学会审美打下坚实的基础。很显然，素质教育的指向是使学生全面、和谐的发展，把教育提高到空前的“以人为本”的价值高度。

3．素质教育对社会的价值意义

21 世纪是“财富源于人才资源”的新世纪。因此，我们要想在激烈的国际竞争中立于不败之地，就必须坚定不移地实施科教兴国战略，大力提高全民族的思想和科学文化素质、提高知识创新和技术创新能力。坚持科学的发展观，坚持可持续发展的战略，坚持“发展是硬道理”。但发展必须转移到依靠科技进步和提高国民的素质，把我国较重的人口负担转化为人力资源。只有素质教育，才能为实现这些目标和任务提供可靠的保证；只有素质教育，才能不断提高劳动者的整体素质，培养造就出大批适应社会主义现代化建设需要的合格人才，推动社会的进步与发展，这才是素质教育对社会的价值意义所在。

二、大学生素质的基本问题

（一）大学生素质的内涵

大学生的素质内涵不仅涵盖了人类普遍的素质，同时又具有大学生独特的内在特质。大学生和中小学生以及未接受高等教育的成人在素质内涵方面存在一定的差异。大学生素质的一般含义包括思想政治素质、科学文化素质、身体心理素质、劳动技能素质、审美情趣和社会交往能力等方面。中小学生的素质内涵指的是将先天的遗传作为基础，在后天环境的影响和基础教育的作用下，通过学习内化和社会实践的作用，形成水平比较稳定的素质内涵。接受过学校教育，但是没有接受过高等教育的成人，他们的素质形成一般是将先天的素质作为基础，通过社会实践和学习内化的过程，形成比较稳定的质量水平和品质结构。

大学生的综合素养结合了知识和能力的双重结果，是大学生内在素养的核心，体现了大学生学习的成效，同时也为大学生认识客观世界提供了力量的源泉。在大学生素质不断提升的过程中，学生扮演着主体的角色，他们所处的环境则是个人发展的根本，而教育学习和社会实践活动是他们活动的主要渠道。

从素质教育的视角出发来看，我们认为，大学生素质以个体天生的禀赋为发展的基础，在后天环境的支持下，特别是在高等教育的作用下，结合社会实践和学习内化的过程，产生较为稳定的品质结构。

大学生的综合素养所包含的内涵，呈现出四个不同的层面。

第一，大学生的先天遗传禀赋和后天环境相结合，后天环境的影响是更为明显的。

第二，大学生的先天遗传禀赋和高等教育作用相结合，高等教育的作用是更为明显的。

第三，大学生的先天遗传禀赋和社会实践相结合，社会实践所起到的作用更为显著。

第四，大学生的先天遗传禀赋和学习内化过程相结合，学习内化的过程所起到的作用是更为重要的。

因此，大学生的综合素养结构和素质水平更为突出。大学生的基本品质结构相对稳定，这是由于多种因素共同作用而形成的，这种结构优化的水平更高。

（二）大学生素质的结构

大学生的综合素质体系将个人个体的素质结构作为基础。一般而言，我们将人的素质分为先天因素主导的素质、先天因素与后天因素相结合的素质以及后天因素主导的素质三种，以区分其先天和后天因素的区别。大学生素质结构由这三种不同性质和层次的要素构成。举例而言，身体素质是先天因素所主导的素质，而心理素质则是先天因素与后天因素的结合，而养成素质则是后天因素所主导的素质，其中包括多个方面的素质。

由于其专业性、层次性、多样性、有机性、稳定性、内在性等特点，大学生素质的结构不仅具有一定的普遍性，也具有一定的特殊性。

中共中央、国务院《关于进一步加强和改进大学生思想政治教育的意见》（中发〔2004〕16号）明确提出："以大学生全面发展为目标，深入进行素质教育。加强民主法治教育，增强遵纪守法观念。促进大学生思想道德素质、科学文化素质和健康素质协调发展，引导大学生勤于学习、善于创造、甘于奉献，成为有理想、有道德、有文化、有纪律的社会主义新人。"从加强大学生思想政治教育的角度出发，大学生的综合素质构成包括三大种类，分别是健康素质、科学文化素质、思想道德素质。

国家文件中所提出的大学生素质结构和人的素质结构具有共同之处。后天因素主导的养成素质主要包括两种，分别是科学文化素质、思想道德素质，其中思想道德素质涵盖政治、思想、法律和道德四个方面；科学文化素质教育则包括科学素养和文化素养两方面的素养。健康素质是一种先天因素占主导以及先天因素与后天因素相结合的素质，也包括两方面的素养，分别是心理素养、身体素养。

尽管大学生的素质结构也包括了三类的素质，但相较于同龄人，其思想道德素质、人文素质、创新创业素质的内涵层次更为丰富、质量更高。考虑到大学生的综合素质内涵具有多方面的特殊性，会受到后天环境和先天遗传天赋的双重影响，我们建议将其素质结构从思想道德、科学文化和身心健康等方面分离出来，形成专业创新素质，专业创新素质包括五个方面，分别是职业素质、创新创业素质、信息素质、学习素质、专业素质。

大学生的素质结构因高等教育的独特作用而得到拓展，其中最为显著的是大学生所具备的专业素质、创新素质和职业素质。这些素质构成一个完整的体系。

高等教育的核心使命在于以专业教育为基石，为社会培养具备创新思维和实践能力的人才，这个过程和大学生未来的创新素质、职业素质、专业素质息息相关。

专业素质是大学生在专业方面受到先天和后天双重作用影响而形成的基本结构和质量水平，包括了专业实践、学习内化、专业教育作用等内容。

职业素质是大学生在专业方面受先天和后天双重作用影响而形成的基本结构和质量水平，包括了职业教育作用、职业实践与学习内化等内容。

创新素质是大学生在专业方面受先天和后天双重作用影响而形成的基本结构和质量水平，包括创新教育作用、创新实践与学习内化等内容。

大学生的素质结构在大学学习中得到一定的拓展，其中最为显著的是学生的学习能力和信息素养得到提升。大学学习内容和其他阶段的学习存在较大的差别，大学的学习更为强调提升性学习、创造性学习、研究性学习、自主性学习、信息化学习，是一种层次较高的学习内化活动。

大学生的学习素质是一种架构较为稳定的基本品质结构和质量水平，由日常学习生活中的实践活动和高等教育的作用共同形成。

信息素养是一种比较稳定的基本品质和质量水平，是在后天环境的影响、信息教育的作用和信息实践和学习过程中的内化而形成的。

综合考虑，我们得出结论，完善的大学生素质结构是由思想道德素质、科学文化素质、身心健康素质、专业创新素质等素质以及政治素质、思想素质、法律素质、道德素质、科学素质、文化素质、身体素质、心理素质、专业素质、学习素质、信息素质、创新素质、职业素质等素质所构成的“四类十三型”素质结构体系。

（三）大学生素质的状况

在高等教育大众化、国际化、优质化不断推进的过程中，我国大学生的素质状况呈现出良好的态势，大学生面临新形势、新要求、新机遇、新挑战，其知识结构不断优化、综合能力不断增强、整体素质水平不断提高，是基本适应社会主义现代化和社会主义市场经济发展趋势以及经济全球化、知识经济化发展潮流的。但是，由于主观和客观等原因，我国大学生的素质状况还是存在不少薄弱环节，需要引起我们的高度重视。

1. 大学生思想道德素质状况

自改革开放以来，特别是召开党的十九大之后，全国高校都在全面贯彻并落实党中央对教育提出的要求，不断强化自己的教育工作内容，为培养合格的社会主义接班人发挥了重要的作用。高校思想政治工作者要深刻认识到这一形势任务的变化特点，进一步增强做好新形势下学生思想政治工作的责任感与紧迫感。当前，大学生的思想政治状态呈现出积极向上、健康向上的主流趋势。广大青年学生坚定理想信念、树立远大理想、坚定信念。他们怀揣着对党、祖国和社会主义的深深热爱，毫不动摇地支持党的路线方针政策，坚定地支持并学习毛泽东思想、邓小平理论、“三个代表”重要思想、科学发展观、习近平新时代中国特色社会主义思想，紧紧围绕在以习近平同志为核心的党中央，对实现中华民族伟大复兴的中国梦充满信心。同时也存在着理想信念淡化、社会责任感不强、道德意识淡薄等问题，需要引起重视和解决。现代大学生十分重视自身的思想道德素质，总体而言，他们的思想道德素养状况良好，因此迫切需要进一步提升自身的思想道德素养水平。

随着国际和国内形势的快速变化，大学生思想政治教育不仅有了更多的机遇，而且面临着较为严峻的挑战。在当今西方文化思潮和价值观念的冲击下，大学生的思想观念也受到了影响。当前，世界正处在大发展、大变局时期。随着我国对外开放程度的不断加大，社会经济的分配方式、利益关系、就业方式正在逐渐变得更为多样化，人们的思想活动不仅更有多元性，而且也存在更大的差异了。在这样的大背景下，有助于大学生树立自我强化、创新思维、人才培养和创业精神，但也产生了一些不可忽视的负面影响。在大学生群体中，存在着一些问题，如责任心缺失、诚信意识淡薄、价值观扭曲等问题。因此，我们需要通过有效的思想政治教育促进学生的思想道德素质教育。

2. 大学生科学文化素质状况

信息社会、就业压力、社会竞争给大学生带来了系统知识学习、综合能力提升的动力，促使大学生越来越重视科学文化知识的学习、越来越重视科学精神与人文精神的统一、越来越重视科学文化素质的提升。新时代大学生的科学文化素质状况总体上是好的，其希望增强科学文化素质的愿望是迫切的。

我国正在积极推进素质教育，然而，由于应试教育的影响，现今的大学生在入学前将进入大学作为第一目的，并且也更为看重市场的需要和就业的方向，忽略了自身的具体爱好，也忽视了如何构建合理的知识结构等问题，既容易出现科学基础薄弱或文化底蕴薄弱的现象，也容易出现科学精神与人文精神相分离、科学素质与人文素质相脱离等现象，从而导致一些大学生的科学文化素质不能适应经济社会发展需要的状况。因而，通过完善人才培养方案、加强科学素质与文化素质教育等措施来有效增强大学生科学文化素质是一项十分重要的任务。

3. 大学生身心健康素质状况

随着小康社会的全面建成，人民生活水平得以进一步提高，大学生的身心健康素质也不断提高，比以往有所改善，但同时也出现一些新的问题。大学生的体能素质，从物理指标来看，发育情况好于以往，平均身高、体重、胸围等指标都高于以往大学生的水平，营养结构较为合理。但据有关统计分析表明，不同高校、不同大学生群体中均存在不同程度心理问题。因而，采取各种有效措施增强大学生身心健康素质也是一项十分重要的任务。

鉴于篇幅有限以及作者对各种素质类型的研究程度不统一，因此，本书后文主要从大学生的道德素质教育、人文素质教育和创新创业素质教育三个方面对有关素质教育的问题进行详细阐述。

三、大学生素质教育的基本问题

这部分内容主要针对大学生素质教育的内涵、结构关系、制约因素、对策措施等问题进行探讨。

（一）大学生素质教育的内涵

我国实施素质教育是从基础教育开始的，因而只要提到素质教育，一般总是指基础教育领域的素质教育。素质教育作为根据社会发展需要，帮助受教育者完善自我、提高综合素质、实现个性充分自由发展的教育，同样适用于高等教育。素质教育应当贯穿于幼儿教育、基础教育、成人教育、高等教育等教育，也应当贯穿于学校教育、家庭教育和社会教育等方面。

素质教育在不同阶段和不同方面应当有不同的内容和重点，相互结合，全面推进。大学同样是实施素质教育的重要阶段，和中小学素质教育一样，大学生素质教育也是人们在不断探索和实践的时代课题。成功的高等教育必须真正提高大学生的综合素质，培养出适应时代发展的高素质人才。

实际上，大学生和中小学生的素质教育在某些方面存在差异，但在其他方面也存在相同之处。由于大学教育本身所固有的特点以及我国高等教育发展的历史和现状等因素的影响，使得大学生素质教育在内容上也表现出自己独有的特征。

大学生的素质教育应当以全体大学生为对象，贯彻素质教育的三大核心原则；第一，要将教育范围覆盖到全体大学生群体，第二，要促进学生的全面发展，第三，要促进大学生的主动发展。

为了提高大学生的综合素质水平，必须采用科学而有效的教育方法，充分发挥他们在素质发展上的潜能，同时面对一些存在缺陷的方面，可以通过锻炼、实践、教育等方式来弥补。

大学生素质教育要贯彻党的教育方针，并将提高总体的素质作为根本，重点培养学生的创新和创造能力，以造就全面发展的社会主义建设者和接班人，使其具备理想、道德、文化和纪律。

大学生素质教育的核心目标在于，通过培养学生的创新意识、创新精神和创新能力，使其成为具备创新思维和实践能力的人才；大学生的学习素质应该以学生的学习能力为核心；大学生的健康素质应该以乐观处事能力、抗挫折能力、心理承受能力为核心；大学生的职业素质应该以团结协作能力、人际交往能力、国际交流能力为核心；大学生的信息素质应该以学生的信息处理能力、信息获取能力的培养为核心。

首先，大学生素质教育的目标在于培养大学生的四大能力之一，即掌握认知世界的工具，以及将广博知识与专业技能相结合，并具备自主学习的能力；其次，必须掌握实际操作和信息处理的技能，同时还需要具备在多样化环境下结合所学知识处理实际问题的能力；再次，在尊重现实社会的基础上，培养共同生活的能力，包括增进彼此之间的了解，以及在合作中不断自我发展；最后，是学会共处的能力，即会与他人相处并建立良好关系的能力，这是对学生进行全面素质教育的一个重要方面。

总的来说，我们可以将大学生素质教育的基本内涵确定为将党的教育方针作为宗旨，将大学生个人的发展和社会的总体发展作为目标，将创新精神和实践能力的形成过程作为重点，结合各种类型的有利环境和条件，通过多类型的方法和途径，引导所有大学生积极地、最大化地开发自身的潜能，完善知识结构，提高综合素质的水平，促进个人的可持续发展，成为理想、道德、文化和纪律的全面发展的德、智、体、美、劳的社会主义事业合格建设者和可靠接班人。

（二）大学生素质教育的结构与关系

大学生的素质教育体系不仅涵盖了广泛的素质教育结构，而且包含其独特的内在结构。

根据大学生素质结构的特殊性，大学生素质教育主要体现为大学生素质教育体系是由大学生身心健康素质教育、思想道德素质教育、科学文化素质教育、专业创新素质教育四大功能模块相互支撑，政治素质教育、思想素质教育、法律素质教育、道德素质教育、科学素质教育、人文素质教育、身体素质教育、心理素质教育、专业素质教育、学习素质教育、信息素质教育、创新创业素质教育、职业素质教育等素质教育有机结合的复杂系统工程。

在大学生素质教育的四大功能模块中，身心健康素质教育是前提，科学文化素质教育是基础，思想道德素质教育是核心，专业创新素质教育是关键；在思想道德素质教育功能模块中，思想素质教育是基础，政治素质教育是核心，法律素质教育是重点，道德素质教育是关键；在科学文化素质教育功能模块中，文化素质教育是基础，科学素质教育是核心，科学素质与人文素质相结合教育是关键，在身心健康素质教育功能模块中，身体素质教育是基础，心理素质教育是核心，身体素质与心理素质相结合教育是关键；在专业创新素质教育功能模块中，学习素质教育是前提，信息素质教育是载体，专业素质教育是主体，创新素质教育是关键，职业素质教育是重点。

（三）制约大学生素质教育的因素

随着社会经济的不断发展，高校教育观念与知识经济时代对人才的需求产生了偏差，这对大学生的世界观、人生观、价值观的塑造产生了一定的影响。如何克服这一制约因素？经过深入分析，我们可以得出以下 5 个方面的因素所导致的。

1. 我国原有的教育体制制约着素质教育的实施

随着知识经济社会的发展，大学生所面临的挑战越来越多，他们需要具备创新思维和专业技能，才能够符合社会的需求。然而，传统的教育体制要求大学生必须通过许多考试，这使得他们先需要处理好考试的问题，从而培养出一些分数高的“人才”。然而，一旦步入社会，这些问题就变得难以解决，无论是用人单位还是大学生本身，都会给他们带来沉重的打击，这也让他们对学校的教育产生了怀疑，从而影响了他们的积极性和主动性。

2. 市场经济的一些消极因素对素质教育产生了负面影响

随着市场经济对个性发展的促进作用不断提升，大学生的个体主义观念开始萌芽，从而对客观事物的价值认识出现了错误的观点。随着社会经济的飞速发展，大学生生活和学习的环境正在不断地变化。在这种情况下，大学生的价值观受到一定程度的冲击。由于大学生不能很好地对抗外部物质诱惑，因此在潜移默化中，他们的价值观念也会遭到侵蚀。

3. 大学生对素质教育的内涵还不完全清楚，缺乏参与意识

有些大学生缺乏明确的学习目标，因而缺乏内在的发展动力。由于他们在大学期间缺乏必要的实践锻炼，因而导致其综合能力相对较差。对于素质教育的相关知识了解甚少，因此对于如何积极参与素质教育也感到困惑。在社会竞争日益激烈的今天，高校中一些学生缺乏创新精神和实践能力。大学生参与素质增强的意识受到限制，因为高校素质教育内容和形式单一，缺乏多样性等问题都影响了大学生对自己素质增强的参与度。当前，大学生参与素质教育的积极性和主动性受到多种因素的综合影响，从而导致其表现不佳。

4. 大学生对传统的“课堂说教”有抵触情绪

在人生的第二个“心理断乳期”，大学生普遍表现出批判怀疑的态度，尤其是遇到了比较重大的事件时，倾向于向朋友倾诉，对老师和家长则不够信任。除了大学生自身的心理因素之外，还有一些家庭和教师的教育方式存在不当的地方，这也是导致这一问题产生的主要原因。

5. 学校的育人环境仍需继续改善

长期以来的教育理念都认为，思想政治教育工作者主要负责大学生的大学生素质教育培养工作，和学校的其他教师无关。其实，高校各职能部门都有自己的工作对象及任务，他们的言行对学生有着直接或间接的影响力。在实际的教学和生活场景中，这些教师的言谈举止对大学生的行为都能够产生较大的影响。

（四）加强大学生素质教育的对策措施

根据对大学生素质状况、素质教育需求和制约因素的综合分析，我们得出结论，必须采取一系列对策措施，以进一步促进大学生素质教育工作的开展。

①全面推进素质教育，积极培养具备创新思维和实践能力的杰出人才，是现代化进程的必然选择。因此，要使这项工程得以顺利实施，需要我们认真研究新时期大学生素质教育面临的形势与任务，并采取相应对策，不断增强其科学性、针对性和实效性。由于大学生素质教育的复杂性，需要持续不断地进行长期而不懈的努力，以确保其成功实施。在当前复杂的国际形势和社会背景下，只有做好素质教育这一具有战略性的教育工作，才能克服众多不良因素的干扰，确保国家的路线、方针、政策能够扩大影响面，从而为社会主义现代化建设事业的发展做好保障。作为知识经济时代人才培养的根本，高等院校必须以战略和长远的眼光，深刻认识到加强大学生素质教育的紧迫性、必要性和重要性。

②积极推进大学生素质教育的进程，促进教师与学生协同提升素质水平，做好教育工作的落实工作。任何一项教育改革都和参与者息息相关，而教育改革的成败和师生共同的努力有关。因此，提高大学生素质是高校教师的重担。为了提升大学生的综合素养，必须促进教师的专业技能水平提升。

首先，加强师德建设，全面提升教师队伍的综合素养水平。应进一步强化教师职业道德教育，提高广大师生的道德素养和思想觉悟。将师德建设置于更为凸显的地位，教师要承担起教育的职责，树立正确的教育价值观、教育质量观、素质教育观、教师道德观，引导教师对教育工作充满感情，关心学生，严谨治学，成为学生的楷模，同时注重教书育人。

其次，进一步提升教学研究人员的素质，全面加强教师队伍的整体素养，是必不可少的一项任务。要在学校教育教学中大力倡导和实施素质教育。重视教学研究的作用，引导教师探索素质教育理论，不断创新素质教育方法，开拓多元化的素质教育途径，并将这些研究成果有机地融入素质教育实践，以推动素质教育的有效实施。

最后，为了全面提升教师队伍的整体素质，我们必须从加强教学技能入手，以确保教育质量的不断提高。将教师技能培训看作一项重要任务，以引导广大年轻教师专注于教学的过程，致力于培养学生主动学习的能力。

综上所述，为了推进素质教育，我们必须从全员育人的角度出发，才能形成一股强大的合力。在大学生素质教育中，应当充分发挥专业课教师、政治理论课教师、辅导员和班主任的指导作用，以提高学生的综合素质和学习效果。要发挥学校各部门的优势，为培养高素质人才创造良好的环境。在实际的教学过程中，必须将这三股强大的教学力量结合起来，真正承担起教育学生崇高使命，将教师的职责不仅体现在专业知识的教学上，还体现在思想道德的教育过程中，以激发学生的积极性，参与各种活动，提高学生的综合素质，同时确保他们在学业上取得成功。

③持续提升大学生的科学素养和人文素养，以推动科学精神和人文精神的有机结合。随着现代科技革命的迅猛发展和知识经济时代的到来，高等教育正面临着由精英教育走向大众教育化、传统教育方式逐步转向现代化的历史任务。现代社会的文明体现在科技和文化两方面，科技和文化也是现代大学得以发展的基础。现代高等教育机构的教育也要进行转变，必须实现从以科学教育为主向将科学教育与人文教育结合的方向发展，以适应素质教育目标实现的需要。

若无科技的不断进步，人类社会将无法向前发展；只有科技进步而缺乏人文素养，人类必将面临被淘汰的命运。因此，在高等教育中实施通识教育是必要的，但更重要的在于培养大学生的人文素质和科学素养。高等教育中，科学教育和人文教育应该相互融合，科学知识和人文知识相互补充，科学精神和人文精神相互交融，科学素质和人文素质同步提高，而不是让学生在传统和现代之间迷失方向，或者在科技和人文之间迷失方向。

④为了有效提升大学生的综合素质，我们必须坚持将传统素质和现代素质相结合，这样才能培养出全面发展、素质全面的高素质人才。同时，大学生素质教育也应该与时俱进地适应新形势发展的需要，不断进行自我调整和完善，以满足新世纪人才培养的需求。随着时代的演进，我们必须充分重视那些能够促进人们当代社会中生存和发展的其他素质，如信息素养、创新能力和竞争能力等，以加强传统的素质标准，从而形成符合现代化社会发展的素质标准。为了满足大学生素质教育的需求，我们必须不断提升素质的总体水平，以推动大学生综合素质的有效提升。

为了全面提升大学生的素质，我们需要注重培养他们的政治、思想、道德、科学、文化、专业和身体等方面的素养，同时也要重视心理、学习、创新、职业和生活等方面的素质，特别是对大学生的法律、信息、语言和交往等方面进行教育，以实现传统和现代素质的有机结合。

⑤持续开展大学生素质拓展计划，确保第一课堂教育和第二课堂教育同步进行，以扎实的步伐推进。在高等教育大众化背景下，高校要实现培养创新型人才和提高学生实践能力的目标，就必须加强大学生的素质教育。大学教育长期以来偏重于第一课堂教育，而未能及早发现第二课堂教育在人成长过程中的重要性。第二课堂教学活动既是第一课堂教学内容的延伸和补充，又能为第一课堂提供丰富多样的教学资源。为了全面推进大学生素质教育，必须同时展开第一课堂教育和第二课堂教育，以确保学生在学习过程中获得全面的知识和技能。大学生素质拓展计划是大学生第二课堂教育的主要形式，它通过全面系统的实施，为学生提供了全面的素质提升机会。

大学生素质拓展计划的核心目标是以提升大学生的综合素养为中心，聚焦挖掘和开发大学生的人力资源，进一步关注第一课堂教育活动以外的不同项目和活动，从多方面引导和协助广大学生完善智能结构，实现个人的发展。

在实施大学生素质拓展计划时，应当注重将课堂内外有机结合，将第一课堂和第二课堂相互融合，同时将学习和实践相互结合。

为了落实到位大学生素质拓展计划，我们将以职业设计指导、素质拓展训练、建立评价体系、强化社会认同四个环节为核心，并结合多样化的课堂方式推进。

实施大学生素质拓展计划的优势在于其在教育阵地、活动项目、团学干部队伍、共青团组织、思想政治工作等方面的卓越表现。

只要落实并贯彻好上述的具体措施，大学生素质教育获得新的发展机遇，从而有效提升大学生的综合素养水平。

第二节　素质教育与人的全面发展

马克思主义所指的人的全面发展，就是每个社会成员在审美、情操、道德、志趣等精神领域上的全面、充分、自由的发展，同时也包括从事智力和体力活动等方面能力的全面提升。

素质教育理念的观点对传统教育观念造成巨大冲击，同时也为中国的教育，尤其是基础教育的创新发展带来了生机与活力。

一、面对未来的挑战

21 世纪为深入展开的全球范围的新科技革命的时代，无疑将会更加深刻地改变着人类的物质生产和精神生产领域。对此，美国未来学家、《第三次浪潮》的作者阿尔文·托夫勒（Alvin Toffler）从一个侧面描述了未来这场新的全球性技术革命的特征：①信息化特征；②知识化特征；③分散化特征。[①] 对于这场世界性的新科技革命，人类无疑正面临着空前的发展机遇。同时也面临了前所未有的挑战。在未来社会，每个人都将面临如何生存的挑战。

二、减小人与人之间的差距

在一定程度上减小人与人之间的差距的最好途径之一是学习。为了尽可能减小人与人之间差距，使人们从学习中获得在一个变迁世界中必须具备的新思想、新观念、新态度、新技术、新方法，人类只有不断努力改造自身，克服对付社会日趋复杂化所产生的差距，才能克服当前存在的种种矛盾，从容地迎接未来的种种挑战。

二、面向未来的教育体系

1972 年，联合国教科文组织在对全球各国的教育进行深入研究的基础上，提出了一份开创性的教育报告——《学会生存——教育世界的今天和明天》。[②] 该报告警示全球教育机构，未来的文盲将不再是那些缺乏读写能力的人，而是那些缺乏学习技巧的人。

1996 年，国际 21 世纪教育委员会向联合国教科文组织提交的报告——《教育——财富蕴藏其中》一文中，论述了更为清晰的观点，即“教育应围绕四种基

① 张纪．大学生素质教育教程[M]. 南宁：广西民族出版社，2007.

② 联合国教科文组织国际教育发展委员会．学会生存：教育世界的今天和明天[M]. 华东师范大学比较教育研究所，译．北京：职工教育出版社，1989.

本学习加以安排”。[1] 这四种学习方式将成为每个人终身的认知基础，这些能力一旦获得了一定程度的培养和锻炼，就会为人一生的发展奠定基础，甚至可以说是决定性的因素之一。这四种学习能力分别是学会认知；学会做事；学会共同生活；学会生存，毫无疑问是人们在未来社会中生存时所必须具备的最基本的素质。因此，针对这四种基本学习能力所展开的教育，实则是我们所称的素质教育。

素质教育是对全面发展教育的深入探索，其核心在于挖掘人类内在的本质因素，并将这些因素组合在一起，也就是将人作为根本出发点，实现素质结构的完善。素质教育是一种新的教育思想和观念，价值在于强调素质的结构化发展，主张实现和谐发展而非均衡发展，即通过将德、智、体、美、劳组合在一起，同时认识到学生素质结构之中存在的区别，注重挖掘和发掘其根本的优点，以此为基础实现教育目标。素质教育还要求教师必须具备良好的心理品质和健康的人格特征。素质教育在推动学生和谐发展的过程中，特别注重培养学生的心理素质，以促进其全面发展。

素质教育不仅强调全面整体育人观，还看重对人的素质结构的完善，以推动各种素质的协调发展；致力于挖掘学生的潜能，推动其个性与共性的完美融合，从而激发学生的潜能优势，提升整体素质水平。毫无疑问，这是对全面发展教育理念的进一步深化和拓展，同时也为全面发展教育理念的效果作出了落实。因此，我们必须把素质教育作为一种全新的观念和行动来加以研究和实施。在此意义下，提出素质教育并非简单地重复全面发展教育，而是一项更为复杂的任务。

第三节 大学生素质教育的现状和特性

一、素质教育中涉及的主要问题

通过以上对素质教育的含义的界定和特征的剖析，我们认为，要准确把握素质教育，必须正确认识下面两个问题。

---

① 联合国教科文组织．教育：财富蕴藏其中[M]．联合国教科文组织总部中文科，译．北京：教育科学出版社，2014.

（一）知识、能力与素质的关系

在早期的高等教育中，知识的灌输被赋予了更为重要的地位。随着科学技术迅猛发展和人类生活水平的不断提高，对人才提出了更高要求。随着工业化的推进，高等教育开始更加注重培养学生的能力，这也成为一个备受关注的话题。随着新科技革命的浪潮涌动，人们日益认识到人才全面素养的重要作用，因此，从适应社会和科技发展状况的角度来看，强调素质培养的理念显然是一种科学的思维方式。我们必须认识到素质与知识和能力并不是两个相互排斥的概念。知识是塑造能力和素质的基石，缺乏知识将无法孕育出能力，素质的形成也无从谈起。有人认为，人的能力和知识的比例应该是 5 ：4，[①] 因为只有在掌握了知识的基础上，才能形成较强的能力并获取更多的知识。相较于知识和能力，素质处于更高的水平，对于人类的成长和社会的发展起到了重要的作用。唯有将素质培养置于更为重要的地位，方能顺应社会和经济的发展趋势，涵盖知识传授、能力提升以及素质培养三个方面。

（二）大学生素质教育具有明显的针对性

对于我国高等教育的发展情况，我们需要将其分为两个不同的方面进行认识。在教学、管理和思想政治工作方面，我们已经建立了一套相当完备的体系，并且规模已经相当可观。另外，在社会主义市场经济和当代科技发展的浪潮中，仍有许多地方存在的缺陷也不容忽视。素质教育的重点在于解决现有教育存在的一些缺陷，第一，专业划分相对狭窄，导致学生的学科视野受到限制。第二，由于文化熏陶的不足，学生的人文素养和思想深度未能达到应有的水平。因此，加强大学生人文精神教育就显得非常迫切而重要。长期以来，非文科教育中，人文教育的地位黯淡无光，仅限于少数政治课的范畴。当前形势下，大学作为精神文明建设的根本之地，与当前的要求形成明显的不协调。第三，教育的功利性在于其能够为学生提供职业发展、适应能力提升以及社会地位转变等方面的机会；因此，教育对人的发展具有积极而重要的意义，但也存在着一定程度上的负面效应。在塑造人的情操、坚定理想信念、提升道德素养、奠定广博知识基础、丰富文化生

① 孟彩霞，唐绍利，孙秀伟．大学文化素质教育论[M]．哈尔滨：哈尔滨地图出版社，2007.

活、建立和谐人际关系以及培养创新能力等方面，教育具有强烈的非功利性。因此，我们不能只注重其功利目的，而忽视其精神性和科学性。教育对社会进步的影响，是通过提升个体的综合素养所产生的间接效应。如果我们忽视教育的非功利性方面，忽略了教育的培养作用，并丧失了教育的根本目标，那么我们所培养出来的学生就会缺乏对人类和社会的整体观念，以及对社会的责任感，从而缺乏个人发展的根基。第四，学生的个性发展受到过多的共性限制，这些限制抑制了他们的个性发展。这就使得一些学生不能充分发挥自身的潜能，形成“千人一腔”的局面。在现实的教育中，过分强调一致性而忽视多样性，这种做法会限制每个学生的全面发展。第五，片面追求升学率是造成当前学校教育“千校一面”的主要原因之一。第六，在高等教育中，教师单向地向学生灌输知识，而在一定程度上忽视了学生在教育过程中的积极参与和贡献程度。

二、当代大学生素质的现状和特征

我们所处的世界已经发生了翻天覆地的变化，全球化的趋势变得越来越明显，知识经济对人才的综合素质提出了越来越高的要求。因此，实施全面推进素质教育已成为当今教育改革中的主要课题之一。作为现代大学生，对他们的素质教育显得尤为至关重要。总体而言，我国的大学生正处于机遇和挑战之中，他们的整体素质水平不断提升，以适应现代化和知识经济的浪潮。然而，部分大学生在某些方面的素养表现并不尽如人意，甚至存在一些令人担忧的问题，这些问题必须引起社会和学校的高度重视。

（一）当代大学生素质基本状况

当前，我国大学生的综合素质评估和分析过程涵盖了思想品德、专业技能、文化修养、身体素质和心理素质五个方面，呈现出如下状况。

第一，大学生的思想道德素养总体呈现出向上发展的趋势，但在体系上缺乏一定的稳定性，同时价值评估机制也有待完善。当代社会呈现出文化多元化发展的趋势，大学生在多种思潮和价值的趋向中成长，不再被过去的思想观念所束缚，而是向往着先进的思想，同时也在努力提升自己的思想素质。各级教育主管部门以及其他相关组织都为大学生的成长提供了帮助，以促进在校大学生树立以“四有”为主题的人生观。高校作为培养社会主义建设者和接班人的重要阵地，也十分重视学生思想品德的培育和建设。通过深入学习政治理论，系统学习党和国家的方针、政策，并积极开展多样化的教育和宣传活动，使得马克思主义的世界观和人生观对大学生的思想产生了深刻而持久的影响。

随着我国综合国力水平的不断提升，并在国际范围内产生了较大的影响力，爱国主义依然深刻影响着当代大学生的思想，而在青年群体中，爱国主义精神仍然是一面重要的旗帜。

当代大学生对社会的道德评价因其思想、文化和知识背景的差异而异，虽然整体水平得到了提升，但学生在道德和认知方面仍然存在一定的差异。大多数大学生对道德的认知能与社会的期望高度契合，他们普遍追求高尚的道德境界，但缺乏一定的自我约束能力。随着改革开放的不断深入以及市场经济对社会生活各个领域渗透力度的加大，大学生的思想观念正发生深刻而广泛的变化。他们对来自不同政治、经济、文化和历史背景下的思想抱有一种开放的接受态度，但不是全盘吸纳。然而，这种相对幼稚和单纯的开放性，却隐含着大学生群体思想道德素质中存在的一些问题。这些问题决定了加强当代大学生的思想教育工作必须从整体上把握其发展规律，以科学发展观为指导，注重整体性建设。在社会转型时期，大学生面对着激烈的竞争和不断更新的知识体系，由于大量接受了不同类型的思想文化，但并未对道德评判标准进行整理，导致思想道德素质呈现出一种相对比较混乱的状态。

当代大学生的价值观出现了多元的趋向，同时也出现了综合回归的问题，使得价值观向着更为多元化的方向发展。然而，在这些多元、多层次的价值中，价值评估体系的建设有所缺乏，这导致大学生缺少一个合理的思想道德素质评判标准。

第二，现代大学生在专业方面更加注重学习，基础素质的水平提高了，但是他们每个人对专业的认同感不同，专业知识的水平还有待提高，十分注重学习工具型的知识。随着信息社会的发展，人们更加渴求学习知识，而在知识经济时代，每个人都需要具备广博的知识、灵活的思维和创新的能力，只有具备这种能力才能适应瞬息万变的社会发展需要。在当今社会，越来越多的人追求终身学习的境界。因此，大学生要想获得良好的职业发展就必须具备较强的自学能力。学习不仅为个人发展提供了机遇，而且使他们获得了巨大的成功机会。对于大学生而言，学习是一项不可或缺的终身活动，是满足人类基本需求的必要措施。因此，学习成了当代大学生最关心的问题之一，甚至是他们一生所要追求的目标。在社会主义市场经济的体制下，学习被广泛认为是一种有效的途径，可以改变一个人的命运，并且具有极其重要的意义，这是大多数大学生的共识。

当前，我国正处于应试教育向素质教育转型的关键时期。然而，接受大学教育的学生基本都在应试教育的环境中成长起来，他们在入学前主要以考取大学为学习的目标，而在选择专业时则更注重符合社会的就业需要，而忽视了自己个人的职业追求。这导致了许多大学生在入学后对专业的认同感不高，影响了自己的学习。他们对本专业知识的了解十分有限，只是应付专业的考试，缺乏对专业知识的深入研究。

现代部分大学生为了满足社会的就业需要，常常忽视了本专业知识的学习，而更加看重学习计算机、英语等知识。然而，部分学生错误地认为学习只是为了毕业的就业，缺乏对自己本专业的认同感，忽视了大学本科学习对于提升自身素质的重要作用。这就导致了部分大学生不能很好地将所学理论知识应用到工作中去，也就是出现了所谓的“学”与“用”脱节问题。为了弥补大学生在专业学习方面的不足，促进理论与实践的统一，提高当代大学生的专业素质，学生需要在学习期间积极参与专业实践，运用所学专业知识培养职业感和专业认同感。

第三，现代大学生的综合素质水平较高，尤其是在文化素养方面表现得更加突出。在改革开放以来的新的教育体制影响下，当代大学生得益于其优越的教育条件和科学的教育方法，因此他们的整体文化素养得到显著提升。近年来，中央提出了素质教育改革，强调将“素质教育”作为核心，致力于培养德智体美劳全面发展的学生，学生不仅收获了基本知识和技能，而且在文化素质方面取得了显著的进步。就整体而言，现代大学生的文化素养水平相当高，主流文化呈现出积极向上、健康活泼的趋势，而大学生的开放、发展、效益、人才、民主、法制、竞争和进取等方面的观念也得到进一步的提升。他们以积极主动的姿态掌握了现代社交工具，提升了对外交流的能力，对科学和真理孜孜不倦地追求，同时展现出了勇于开拓和创新的精神。

当代大学生深受社会文化变迁的影响，因为传统社会的同质水平很高，而现代社会主要特征则在于其异质性，他们所接受的系统教育受到了外在环境的影响，这些因素导致大学生在文化方面出现了多元化的趋向，这种多元化的选择引发了不同文化之间的交流和碰撞，从而激发出了火花；它既丰富了大学生的生活内容，又促进了其个性发展与完善。当代大学生因具备多样的文化成果，在知识结构和视野拓展方面出现了多元的趋势，从而培养了他们探索和创新的能力。

第四，尽管当代大学生的身体素质得到了提升，但他们的心理健康问题却日益凸显。从物理指标的角度分析大学生的身体素质，他们的生长发育状况明显优于过去水平，平均身高、体重和胸围等指标均呈现出更高的水平，同时其营养结构也更为优化了。另外，在身体机能方面也有一定程度提高。然而，随着学习压力的增加和健康知识的缺乏，大学生的近视率呈明显的上升趋势。大学生的身体素质受不良生活习惯的影响，如“熬夜上网”“通宵游戏”和“暴饮暴食”等不科学的生活方式。此外，有一部分大学生对体育锻炼持轻视态度，他们的锻炼频次不如以往，缺乏一定的耐力和意志力，表现出缺乏“强健”和“耐久”的特点。

第五，心理素质也是健康素质的重要组成部分。因此，加强对当代大学生的心理健康教育就显得尤为重要。尽管现代大学生更加注重身心的协调发展，然而在学业压力、激烈的社会竞争、繁重的课业压力等影响下，他们往往感到无所适从。因此，当代部分大学生中存在着严重的心理健康问题，他们的心理卫生水平明显下降。现代年轻人对他人的信任度较低，即使是最亲密的朋友之间，也存在着心理上的界限，大学生群体的凝聚力水平相对较低。因此，加强高校大学生的心理素质教育，提高其心理健康水平逐渐成为一个较为紧迫的任务。

当代大学生的健康素质评价表明，素质教育已经取得了显著成效，大学教育正在从应试教育向素质教育转型，大学生正在逐步成熟，他们的综合素质也在快速发展，这与社会发展和进步的趋势相一致。这表明了高等教育改革已取得了明显的成效。

（二）当代大学生素质教育的主要特征

1. 基础性与成功性

素质教育的本质特征在于其旨在培养学生具备全方位的基本素养、能力、知识和技能，以适应未来社会多样化的社会需要。

素质教育的目标在于填补传统教育方式方法的缺点，如忽视了学生创新能力的培养，致力于推动教育的创新发展。传统的教育方式采用的教育方法大多是为了满足考试的需要，导致学生在面对新问题时缺乏灵活的思维，无法充分利用过去积累的经验解决问题。素质教育是一项富有创造性的教育，它引导学生需要从课本的知识中创新，也不应止步于简单的问题描述和解释，而应追求更高层次的认知和理解。要让学生主动地探索，并通过实践获得对事物本质及其规律的认识。通过引导学生自主对事物的观察，主动形成全新的概念内容，解决前人还没有解决的问题，让学生意识到所有科学结论都需要特定的条件，如果条件发生变化，结论也会有相应的改变，因此正确的“结论”和“方法”并不是唯一的。因此，要提高教学质量就必须重视对学生创新精神的培养。素质教育的核心在于激发学生内在的创造力和创新意识，引导他们积极参与创造性行为，鼓励他们主动发现问题并探索解决之道。通过实施素质教育，将个体的成长与社会的进步相互融合，从而推动个体与社会的共同进步。

根据心理学的研究内容，每个人天生都有一颗追求成功的心，这是一种普遍存在的心理倾向；每个人都渴望获得胜利的果实。因此，每个人必须要有正确而又积极的成功动机和目标，并在实现目标过程中不断地获得成功。在我们国家实施素质教育的今天，为了确保素质教育的成功实施，必须创造一系列充分的条件，以确保每个学生都能够达到其特定的素质水平，从而实现成功。

2. 整体性与全面性

素质教育的整体性在于其面向的是整个社会群体，而非局限于个别个体。这种全面发展的教育观是对传统应试教育理论的超越。虽然不排斥培养天才，但反对所有的教育模式都为天才教育模式服务。素质教育的全面性并非是一种具有选择性和淘汰性的教育方式，而是一种为每个人提供充分发挥其原有基础的教育方式。素质教育所倡导的是对每个学生的平等尊重，然而它也反对教育中的平均主义倾向。

素质教育的全面性旨在提升全体国民的综合素养，培养德智体美劳全面发展的社会主义建设者和接班人。素质教育是一种全方位、多层次、多规格的教育体制，是对传统学校教育模式进行改革后提出来的新概念。该教育体系注重培养学生的综合素质，包括知识、情感、意志、行为以及智力和非智力方面的全面和谐发展，同时也注重每个学生身上德、智、体、美、劳的具体实践。素质教育强调人的身心发展与社会实践相结合，注重对个体心理潜能开发的过程教育。

3. 发展性与个性化

素质教育的发展性特征在于激发学生内在的个性潜能，从而推动其全面发展。它强调以“人”为本，注重教育与社会生活之间的联系，重视受教育者自身潜能的发挥，关注每一位学生全面而有特色的成长。通过实施素质教育，帮助学生培养独立的学习能力，激发学生的学习积极性，从而使学生最终实现个性的全面发展和完善。

尽管素质教育认为人在基本素质上存在着相似或相同之处，但同时也意识到人与人之间的差异相当显著。在环境和教育等因素的影响下，每个人的主观能动性都呈现出独有的特征，从而导致了人与人之间的差异是不可避免的、客观存在的。素质教育以个体差异为出发点，通过系统化的教育过程，促进每个人获得完善的成长。素质教育所倡导的并非平均主义，而是通过塑造个体的态度和价值观，形成一种内在的自我激励和约束机制。

第二章　大学生道德素质教育

社会主义国家的大学生，如果只具备较高层次的科技文化知识，而不懂得社会准则和行为规范，缺少德行，那就不是一个全面发展的人。本章主要内容有道德素质的基本内涵、大学生道德素质教育的基本要求和大学生道德素质教育的方法途径。

第一节　道德素质的基本内涵

一、道德的定义

道德是指人们对于善恶、对与错的判断和行为准则。它是指引和规范人类行为的原则和价值观念。

道德的定义可以从不同的角度进行解释。从伦理学的角度来看，道德可以被理解为一种规范个体行为的准则或规则，它是由社会共同形成并约定的。道德规范主要基于一些普遍认可的价值观念，如公正、诚实、尊重、正直等。这些价值观念指导人们在行为上选择和判断是非善恶、对错。

此外，道德也与个人的内心关系密切，它涉及到自我意识和道德判断的能力。道德行为不仅要求遵从外部的规范，也需要内在的自律和自律能力。一个道德的人应当具备审慎、责任感、同理心和善良等品质。

需要指出的是，道德标准和定义在不同的文化、社会和历史背景下可能会有所不同。它可以受到宗教、文化传统、法律和伦理观念等多种因素的影响。因此，道德的定义在一定程度上是主观的和相对的。然而，尽管存在差异，大多数文化都认同一些基本的道德准则，这些准则构成了人类社会共同的伦理基础。

二、道德素质及其特点

所谓道德素质是指人类主体认识一定的道德原则和行为规范的水平，以及用以处理相互关系的实际能力的总和。

作为行为规范的道德和法律，其特点表现在它们的区别和联系。

（一）道德与法律的区别表现

1. 道德与人类社会共存亡

法律则不同，道德先于法律而产生，早在原始社会就已经产生了道德，但尚无法律。法律是社会划分为阶级的产物，只要有阶级存在，法律与国家就存在。

2. 法律具有强制性

法律是由国家制定的强制性的行为规范，道德则是依靠社会舆论的力量起作用的。某种法律一旦由国家颁布之后，不管是赞成还是反对，都得严格执行，否则就是犯法，就要受法律的制裁。道德则不同，它不是由国家强行制定的，也不是由国家强制执行的。各种道德概念，如善与恶、正义与非正义、公正与偏私、诚实与虚伪等，都是人们在长期的社会实践中逐步形成的，是靠社会舆论的力量，靠人们的习惯、传统，特别是通过各种形式的教育形成的内心信念来维持。也就是说，道德是通过社会舆论、道德评价及良心的作用，调节人们的行为。但是，我们绝不能因为道德不能强制人们执行而轻视其作用，而应该认识到，它在社会生活中发生作用的范围很广。它对人们行为的支配作用，有时是法律所不能代替的。一个没有道德素养的人，做了损人利己的事，会受到人们的评论与谴责，以匡正、制约他的行为；而一个道德素养高的人，一旦发现自己的行为违反了道德规范，就会受到良心的责备，吸取教训，努力改正自新。

（二）道德与法律是密切联系的

道德与法律的关系具体表现如下。

1. 道德是不成文的法律，法律是最低限度的道德

法律中包含道德的内容，《中华人民共和国宪法》第五十三条规定，“中华人民共和国公民必须遵守宪法和法律，保守国家秘密，爱护公共财产，遵守劳动纪

律，遵守公共秩序，尊重社会公德这既是每个公民必须执行的法律义务，又是必须遵循的道德规范”。[①]

2. 道德和法律的作用是互相补充的

任何社会的统治阶级都是用道德和法律维护其阶级利益保持社会安定团结的。因此，我们在社会主义现代化建设中，大力倡导共产主义道德，有助于加强人们的社会主义法治观念。我们进行社会主义法治建设也有利于提高人们的共产主义道德素质。这就是道德和法律在社会生活中的辩证关系，我们绝不能忽视两者的互补作用。

第二节　大学生道德素质教育的基本要求

大学生作为社会生活中的先进分子，在公民道德建设中必须发挥表率作用，以高层次的道德标准来要求自己，衡量自己，在社会公德、家庭美德和职业道德建设中发挥模范带头作用。

一、大学生的基本道德规范建设要求

《公民道德建设实施纲要》（以下简称《纲要》）在公民道德建设的指导思想中，将基本道德规范概括为 5 句话、20 个字，即爱国守法、明礼诚信、团结友善、勤俭自强、敬业奉献。[②]这既是从最基础、最重要的公民道德规范方面使这些道德规范与已有的社会主义道德内容形成一个有机的整体，又是从公民道德建设的方面对已有道德内容做的一种新的概括和提炼。它是全社会各个领域人们都应该遵守的最基本的道德规范，涵盖了社会生活的各个领域，适用于不同的社会群体。在这一点上，它不同于社会公德、职业道德、家庭道德等领域的伦理规范，而是一个总的基本道德规范。它既包含中华民族的传统美德，又包括党领导人民在长期的革命和建设实践中形成的优良道德传统，又总结了改革开放以来在道德实践中积累的好经验，反映了社会主义市场经济所需要的道德要求，体现了民族文化传统与革命传统的有机结合。

① 全国人大常委会办公厅．中华人民共和国宪法[M]．北京：中国民主法制出版社，2014.
② 吴昌福．大学生素质教育创新研究[M]．北京：现代出版社，2020.

（一）爱国守法

“爱国”主要是规范公民与国家的关系。爱国主义是团结、凝聚我国各族人民及广大港、澳、台同胞，海外华人的一面旗帜，在新世纪的国内国际环境中，爱国主义是我们放在首位的一种品德。

“守法”是“爱国”规范的延伸，规范的也主要是公民与国家的关系即把“守法”作为公民对国家的道德责任的“底线”。在我们为推进中国的民主法治建设、为建立一个法治国家而奋斗的时候，“守法”是每一个公民必备的品质，也是实现法治与德治相结合的基础。

（二）明礼诚信

“明礼”主要是规范公共场所的公共品德行为，待人接物时要文明礼貌，这是公民在公共场所应当遵守的最基础的道德准则。

“诚信”主要也是规范公共关系的道德行为，是对“明礼”规范的进一步深化和升华。

（三）团结友善

“团结”主要规范公民之间的道德关系，强调公民之间的亲和力。这包括家庭的团结、集体的团结、各个组织内部的团结、全世界爱好和平人民的团结等。团结是在为某个目标而奋斗时形成的紧密联系，团结会产生钢铁般坚不可摧的力量。团结对革命和建设都具有特别重要的意义，正如歌中唱道，“团结就是力量，这力量是铁，这力量是钢……”深刻理解团结的重要性，珍惜团结，维护团结，顾全大局，是人们应有的品德。

“友善”与“团结”是同一层次的道德规范，功能也是相类似的，但更加注重公民个人之间的亲善关系，这也是处理人际关系的一种美德。无论是对自己的家人、亲人、邻居、同事，还是素不相识的人，对外国人，对不同肤色、种族、民族，对不同文化背景、不同宗教信仰的人，无论老少贫富，无论他是健康的还是有残疾的，都要一视同仁，友善对待。

（四）勤俭自强

“勤俭”主要是对公民个人提出来的道德要求，勤俭的品德素质更多地在公民个人的行为中表现出来。勤俭包括勤劳、节俭两方面。勤劳，热爱劳动，用劳动创造世界，创造美好的生活，是每一个人，每一个民族自立自强、艰苦奋斗的表现。节俭不仅是对劳动产品的珍惜、爱护也不仅是“丰年想歉年”的忧患意识，而且包括对生活的计划安排和对欲望的克制。我国古代有“俭以养德”的思想，认为俭朴的生活可以“淡泊明志，宁静致远”，对人的身心修养大有益处。

“自强”主要也是对公民个人的道德素质提出的要求，与“勤俭”是同一层次的道德准则。这更是中华民族的传统美德，《易经》里就有“天行健，君子以自强不息”的思想，[①] 代代相传，鼓舞中华民族在任何艰难险阻面前都能做到自立自强，只要一息尚存，就要奋斗不止。

（五）敬业奉献

“敬业”主要是规范公民与职业的道德关系，这是职业道德的重要内容，主要包括恪尽职守、兢兢业业、精益求精、视责任为生命等。

“奉献”主要是规范公民与社会的道德关系，并引出公民对待他人的道德责任。这是在处理个人与社会、与国家、与他人的关系时应该具有的品质。其内涵是大公无私、克己奉公、超越自我、服从整体、先人后己。“有一分热发一分光”“人人都献出一点爱，让世界变成美好的春天”，这些我们所熟知的美好语言，都是人们对奉献精神的赞颂。

二、大学生的社会公德建设要求

社会公德是全体公民在社会交往和公共生活中应该遵循的行为准则，涵盖了人与人、人与社会、人与自然之间的关系。它具体是指人们在涉及对正式的或非正式的社会整体（如集体、组织、政党、阶级、民族、国家、公共场合秩序等）具有相应义务和责任的行为活动中应当遵守的道德规范和道德准则。人们对于社会公德往往有两种不同的理解。一种理解是指人们在一些事关重大的社会关系、社会活动和社会交往中，应当遵守并往往由国家提倡或认可的道德规范。中华人民共和国现行宪法倡导和认可的“五爱”，就是这种意义上的社会公德，并因为是由国家法律规定的，也可称为“国民公德”。另一种理解是有人把日常的公共

① 王子娇．易经初解[M]．桂林：漓江出版社有限公司，2019．

生活中所形成的起码的公共生活规则称为“社会公德”。马克思主义认为社会公德就是每个人都应该遵循的那种简单的道德和正义的准则。大学生要提高自身的道德修养，必须首先从遵守社会公德这一最基本行为准则做起。

（一）大学生要做文明礼貌的模范

文明礼貌是指在人际交往中，要注重个人形象，讲求必要礼节。衣着整洁，举止文雅，说话和气，用语得当，守时守约。尊重他人，宽以待人，相互礼让。遵守公共场所的各种规定，不影响、不妨碍他人的正常活动。

文明礼貌可具体分为文明、礼貌两方面。所谓文明，是指人们在待人接物和日常生活方面所应共同遵守的行为规范。它是精神文明的一个重要内容，要求人们讲究礼貌，遵守公共秩序和纪律，举止端庄，仪表整洁，讲究卫生等。在不同的社会，文明行为的具体要求与表现方式都有所不同。培养文明行为，要加强自我修养，培养自己高尚的道德情操，纯真的思想感情，良好的生活习惯。

文明礼貌是随着经济的发展和文化水平的提高，在言谈举止上表现出来的高尚与典雅的状态，中国素有“礼仪之邦”的美称。在中国人的传统里，有道德的人即“正人君子”，他们在礼仪方面是彬彬有礼、温文尔雅。这种观念发展到现代，不但保留了原有的精髓，而且增加了“守时守约”“尊重他人”、遵守公共场所的各种规定，反映了在现代社会中人们普遍接受的时间观念、效率观念、契约观念、诚信观念、平等观念等先进观念，用这些观念充实和丰富了“文明礼貌”的内涵。

因此必须从提高道德素质和增强公德意识入手，教育人们在社会交往中养成文明礼貌的习惯，讲究公共场所礼仪。

（二）助人为乐是全心全意为人民服务的重要表现

助人为乐是基于对共同幸福与个人幸福之间辩证关系的深刻认识而产生的理性行为，是一种以帮助别人为自己快乐和幸福的优秀品质与高尚风格。它具有与人为善，想他人之所想、急他人之所急的特征。改革开放以来，我国涌现出了一大批反映时代精神的先进人物，他们的工作岗位、具体事迹各不一样，但都有一个共同的特点，就是助人为乐，全心全意为人民服务。

大学生作为社会的一员，应积极参与助人为乐的活动，为社会做出贡献。

大学生可以主动加入志愿服务组织或参与志愿服务活动。通过参与社区服务、环保行动、慈善组织等活动，来帮助和关爱那些需要帮助的人群，如老人、儿童、残障人士等。志愿服务不仅满足了他人的需求，也让大学生更好地了解社会问题，并培养了解决问题的能力。

大学生可以积极参与各类社团和组织的活动，通过组织文艺演出、公益义卖、社区活动等方式，传递正能量，帮助他人。这些活动不仅能够提升自身的团队协作能力和组织能力，也能够发挥自己的特长和才能，以创意和热情带动他人，为社会做出积极贡献。

大学生可以积极参与同学之间的互助和支持。通过与同学建立良好的人际关系，共同面对学业压力和生活困境，相互帮助、鼓励、支持，共同成长。同时，大学生可以利用自己的专业知识和技能，帮助其他同学解决学习或生活上的问题，共同进步。

作为社会的一份子，大学生可以通过积极向他人传播正能量来助人为乐。可以通过社交媒体、个人博客、演讲等方式传递积极向上的思想观念和生活态度，激发他人的希望和动力。同时，大学生也应该批判消极和不良的信息，拥有正确的价值观，引导他人走向正确的道路。

大学生应该积极履行自己的社会责任，参与社会事务。可以关注社会问题，参与社会活动，并通过自己的行动和言论，为社会发声。大学生可以参与社会实践活动、社会调研、公益支教等，了解社会问题的根源，为改善社会现状贡献自己的力量，并成为社会的有益成员。

总之，大学生应该从自身做起，通过参与志愿服务、组织活动等形式，助人为乐。这不仅能够帮助他人，也能够提升自身的社会责任感和人文素质。通过积极行动，传递爱心、分享知识和技能，大学生可以为社会的发展和进步做出自己的贡献。

见义勇为是社会公德的重要内容，是助人为乐思想的高层次表现。见义勇为作为一种敢于担当道义、一往无前、无所畏惧的道德品质，是社会公德的主要组成部分。它集结着人们的正义感、责任感和使命感，体现着人们的道德良心和人格尊严。做到见义勇为，首先要求人们在坏人坏事面前敢于挺身而出，同歪风邪气作斗争，用自己的奋不顾身剪除邪恶势力，其次要求人们在事关公众利益或人民利益的情况下，勇于牺牲个人利益以成全公众利益或人民利益。这就是“横眉冷对千夫指，俯首甘为孺子牛”。[①] 最后要求人们在大是大非面前勇于坚持原则和真理，不苟且，不随俗。我们的社会和时代呼唤见义勇为、舍己为人的英雄行为。一个没有见义勇为精神的民族是不会有希望的。有见义勇为才会看到社会正气、民族脊梁，大学生作为社会主义精神文明建设的主体力量，应当弘扬传统道德，敢于见义勇为。

（三）大学生要做爱护公物、保护环境的模范

爱护公物是指要以主人翁的态度对待国家和集体财产，珍惜社会公共劳动成果。爱护城乡道路、水电、通信、交通、环卫、消防等公用设施，保护名胜古迹、历史文物，反对损坏公物、化公为私。

公物是社会全体成员或某一集体成员共有的财产，是公民享有社会权利的物质条件。爱护公物体现了人们对劳动成果的珍惜和对劳动人民的尊重。《中华人民共和国宪法》规定：“社会主义的公共财产神圣不可侵犯。”首先，每一个大学生都要确立社会的整体利益神圣不可侵犯的观念，自觉爱护公物，做到以主人翁的态度对待国家和集体财产，珍惜社会共同的劳动成果。其次，大学生办一切事情都要遵循勤俭节约、艰苦创业的原则，反对铺张浪费。最后，要合理开发利用社会和集体自然资源，反对急功近利的短期行为，要坚决反对损坏公物、化公为私的行为。

保护环境是指要树立可持续发展观念，珍惜自然资源，保护生态环境。爱护花草树木、野生动物、人文景观，注意节约用水。防治废渣、废水、废气和噪声污染。维护公共卫生，不随地吐痰、乱扔垃圾。

保护环境就是保护我们生存的家园，就是维护人类的共同利益和长远利益，是爱护公物道德思想在新的历史条件下的新内涵。大学生要自觉树立可持续发展的观念，珍惜自然资源，保护生态环境。坚决反对一切破坏环境的行为。保护环境是当代社会公德之一，是人们在对待周围自然环境的态度和行为上所应遵循的道德规范或准则。人和生活其中的自然环境本身之间本来是不存在道德关系的，

① 鲁迅．鲁迅诗稿[M]．上海：上海人民美术出版社，1983．

因为道德关系只是人与人之间的社会关系。但是，随着社会生产的日益扩大和自然资源的开发日益加快，越来越使如何对待周围自然环境的问题成为直接关系当今人类生活和未来人类生存的严重社会问题，并因而要求社会从包括道德在内的各个方面端正人们的态度和调节人们的行为。现在，不少国家都为此制定了相应的法律及其他社会措施，我国也为此颁布了《中华人民共和国环境保护法》及其他相应法规。对于社会主义社会来说，在加强相应法制的同时，还应当逐步形成疏导和约束人们相应态度和行为的道德规范或准则。根据目前自然环境的人为性破坏，突出表现为生态平衡失调和自然环境污染以及由此所引起的气候、地理和人类健康等的消极影响，社会主义社会现阶段的环境道德的主要要求是每个人应以造福于而不贻祸于子孙后代的高度责任感，从社会的全局利益和长远利益出发，开发自然环境，发展社会生产，维护生态间的平衡，最大限度地保障人类生活环境不被污染。

（四）遵纪守法是每一位大学生的行为准则

遵纪守法是指要树立法治观念，学法、知法、用法。维护宪法和法律权威，执行法规、法令和各项行政规章。

遵纪守法就是遵守党纪国法，法律、纪律体现社会公正、公平，法律纪律要借助强制措施来推行，同时也要借助人们的内在节制和主观努力来维系。遵纪守法是最起码的社会公德，是每个公民应尽的义务和责任、更是每个大学生必须做到的行为准则。具体而言，要在以下两方面起模范带头作用。

第一，牢固树立法律意识，自觉守法、知法、用法。依法治国是我们治理国家的基本方略，是发展社会主义市场经济的客观要求，是社会文明进步的主要标志。依法治国，建设社会主义法治国家，要求大学生必须加强法律知识的学习，增强法律意识、观念和依法办事的能力，养成学法、守法、用法的良好习惯。

第二，自觉维护宪法和法律权威，严格执行法规、法令和各项行政规章。我国的宪法和法律是人民意志的体现，是由国家权力机关通过民主程序制定的，是任何组织和个人都必须遵守的行为准则。法律面前人人平等，任何人、任何组织都不能超越法律行事。

三、大学生的家庭美德建设与职业道德建设要求

（一）大学生的家庭美德建设

家庭道德是每个公民在家庭生活中应该遵循的行为准则，涵盖了夫妻、长幼、邻里之间的关系。家庭道德是在一定的社会历史条件下形成的，是规范家庭生活、调节家庭关系和鼓励或约束家庭成员行为的道德准则。家庭道德具有很强的社会属性，既是家庭生活质量的保障，又是形成良好社会道德风尚的根基。因此，家庭道德建设是社会道德建设的一个主要课题。

家庭道德是维系家庭和谐幸福的主要精神支柱，是现代家庭是否健康向上、和谐融洽的标志。家庭的幸福与否，固然与家庭的物质生活水平相关，但更重要的还在于用什么样的价值观来指导和调整家庭生活中的各种关系。由于家庭成员在年龄、辈分、性格、文化、理想、志趣等方面的差异，家庭中的利益矛盾、兴趣冲突不可避免，这就必须用一定的道德规范来调整和约束家庭成员的行为，否则，家庭中就会矛盾冲突不断，甚至导致家庭破裂。

1. 家庭道德规范的基本内容

《纲要》指出："要大力倡导以尊老爱幼、男女平等、夫妻和睦、勤俭持家、邻里团结为主要内容的家庭美德建设，鼓励人们在家庭里做一个好成员。"[①] 尊老爱幼是指要孝敬父母，敬重长辈，关心他们的物质和精神生活，理解、尊重老人的意愿；精心抚养子女，以平等民主的态度对待孩子，鼓励他们自强自立，积极向上。男女平等是指要尊重和保障妇女权益，反对歧视妇女；恋爱自由，婚姻自主，反对包办买卖；共同商量和处理家庭事务，反对大男子主义；生男生女都一样，反对重男轻女。夫妻和睦是指夫妻间要互相信任，互相尊重，真诚相待；共同承担家庭责任，有福同享，有难同当；理解和支持对方工作，主动分担家务劳动；注意思想交流，增进夫妻感情，反对轻率离婚。勤俭持家是指要勤俭节约，量力而行，量入为出，妥善安排家庭生活；衣食住行，合理消费；婚丧嫁娶，文明简朴；文化娱乐，丰富健康；反对盲目攀比、铺张浪费、好吃懒做、奢逸败家。邻里团结是指邻里之间要以礼相待，互谅互让，互帮互助；心里有他人，不乱挤

① 吴昌福．大学生素质教育创新研究[M]．北京：现代出版社，2020．

乱占公用场地和设施；发生纠纷，无理要认错，有理要让人；关心社区建设，积极参与社会活动。

2. 家庭道德建设的作用

家庭美德不仅对家庭起着至关重要的作用，而且对社会也具有强烈的辐射功能。家庭是社会的细胞，家庭成员也是社会成员，其道德意识和文明行为对社会公德和职业道德的形成有着重要的影响和作用，直接关系整个社会的安定和团结。我国历代思想家都极为重视家庭伦理道德的作用，强调“修身、齐家、治国、平天下”[①]，强调家和万事兴。家庭生活与社会生活有着密切的联系，正确对待和处理家庭问题，共同培养和发展夫妻爱情、长幼亲情邻里友情，不仅关系到整个家庭的美满幸福，也有利于社会的安定和团结。[②]

家庭道德对社会安定的作用，主要通过个体道德化的途径来实现。家庭作为人类的初级群体，它是个体与社会的中介，是引导个体走向社会的桥梁，在人的社会化过程中有着非常重要的意义。第一，家庭是人们的生活共同体，家庭成员在长期的共同生活中密切接触，有着相互影响和潜移默化的作用。第二，家庭成员的根本利益是一致的，子女是父母生命的延续，父母对子女进行教育的过程中具有高度的责任心和深厚感情。第三，子女从小生活在家庭中，心理上对父母有着强烈的依赖感和高度的责任感，易于接受父母的教育与训练。从这个意义上说，家庭伦理道德是个体与社会发生联系的润滑剂，当家庭伦理道德与社会公德、职业道德趋于一致时，个体道德的社会化就会沿着健康的轨道发展，从而保证社会的正常秩序。

3. 大学生应该以正确的价值观搞好家庭道德建设

家庭道德是社会主义道德体系的重要组成部分，是调节家庭成员之间及与家庭生活密切相关的人际交往关系的行为规范。在公民道德建设中，家庭道德建设是一块重要的基石，每一位大学生都应该从这个高度来认识家庭道德建设的重要性，用正确的价值观来处理家庭成员及与之相关的人际交往的关系，始终坚持全心全意为人民服务的道德宗旨，每个家庭成员就是人民群众中的一分子，而且是与自己关系最为密切的“人民”，倘若不能正确地处理好家庭关系，不能全心全

① 戴圣．礼记[M]．南昌：二十一世纪出版社集团，2019.

② 吴昌福．大学生素质教育创新研究[M]．北京：现代出版社，2020.

意地为这些“人民”服务，而要说为广大人民群众服务，那不过是高调，是奢谈。

因此，每个大学生都要以《纲要》中提出的家庭道德规范为准则，在家庭道德建设中发挥模范带头作用。

（二）大学生的职业道德建设

职业道德是所有从业人员在职业活动中应该遵循的基本准则，涵盖了从业人员与服务对象、职业与职工、职业与职业之间的关系。职业道德是同人们的职业活动紧密相关的，具有不同职业特征的道德规范的总和。一般来说，从事某种特定职业的人们，由于有着共同的劳动方式，经受着共同的职业培训和职业熏陶，承担着共同的职业义务，因而形成具有自身职业特征的道德观念、道德情感和道德品质。正因为如此，恩格斯指出：“实际上，每一个阶级，甚至每一个行业，都各有各的道德。”①这里所说的“每一个行业”的道德指的就是职业道德。

1. 职业道德规范的基本内容

《纲要》指出：“要大力倡导以爱岗敬业、诚实守信、办事公道、服务群众、奉献社会为主要内容的职业道德，鼓励人们在工作中做一个好建设者。”②爱岗敬业是指要树立正确的职业理想，干一行，爱一行，干好一行；脚踏实地，不怕困难，有吃苦精神；忠于职守，团结协作，认真完成工作任务；钻研业务，提高技能，勇于革新，做行家里手。诚实守信是指要做老实人、说老实话、办老实事，用诚实劳动获取合法利益；讲信用，重信誉，信守诺言，以信立业；平等竞争，以质取胜，童叟无欺，反对弄虚作假、坑蒙欺诈、假冒伪劣。办事公道是指要坚持公平、公正、公开的原则，秉公办事；处理问题出以公心，合乎政策，结论公允；主持公道，伸张正义，保护弱者；清正廉洁，克己奉公，反对以权谋私、行贿受贿。服务群众是指要听取群众意见，了解群众需要，为群众排忧解难；端正服务态度，改进服务措施，提高服务质量，为群众工作和生活提供便利。奉献社会是指要有社会责任感，为国家发展尽一份心，出一份力；承担社会义务，自觉纳税，扶贫济困，致富不忘国家；艰苦奋斗，多做工作，顾全大局，必要时牺牲局部和个人利益；反对只讲索取，不尽义务。

---

① 恩格斯．路德维希·费尔巴哈和德国古典哲学的终结[M]. 中共中央马克思恩格斯列宁斯大林著作编译局，译．北京：人民出版社，2018.

② 吴昌福．大学生素质教育创新研究[M]. 北京：现代出版社，2020.

2. 爱岗敬业是社会主义职业道德所倡导的首要规范

爱岗敬业是职业道德的基础和核心，是社会主义职业道德提倡的首要规范。爱岗敬业是任何一种职业的从业人员的本分。我国近代学者梁启超说过，任何职业都是神圣的，因为人不仅为生活而劳动，也为劳动而生活，劳动、做事是生命的一部分。视职业岗位如同生命一样神圣，全心全意地热爱它，尽心尽力地做好它，就是爱岗敬业。爱岗敬业是一种高尚的道德情感，源于对自己所从事的职业价值的认同。有或者没有这种情感，会导致极不相同的工作态度和工作效果。在格外重视自我价值、“自我实现”的今天，只要有爱岗敬业的精神，每个人都能够在平凡的岗位上创造出不平凡的业绩。

3. 大学生是国家未来的建设者

作为国家未来的建设者，大学生要搞好职业道德建设，需从以下 3 个方面努力。

（1）要树立正确的职业理想

一个人是否有作为，不在于他从事的是何种职业，而在于他是否尽心尽力地把所从事的工作做好。中华民族历来就是一个推崇敬业乐业精神的民族，素有“宠位不足以尊我，而卑贱不足以卑己”[①]的职业价值观。古今中外的杰出人物，没有一个是不热爱自己所从事的职业的，也没有一个是不乐意为自己所从事的职业而献身的。任何一个敬重自己事业的人，都会把这种爱表现在自己所从事的工作岗位上。再平凡的工作岗位也能体现出崇高的敬业精神，能做出突出的成绩。

（2）要具有脚踏实地的工作态度

脚踏实地做好工作是爱岗敬业的具体表现，工作没有做好，爱岗敬业就是一句空话。做好工作就需要不怕苦、不怕累、不怕流汗水，具有强烈的事业心和责任心。

（3）要具有刻苦钻研、善于创新、勇于创新的精神

任何工作都有学问，所谓“行行出状元”。只有认真学习钻研工作中的学问，才能真正做到爱岗敬业。现代社会要做到爱岗敬业，必须树立追求卓越的志向。我们身处的市场经济社会是一个充满竞争的环境。要参与竞争并赢得竞争，就是要追求“最好”“一流”，就是要追求卓越。只有卓越，只有“人无我有、人有我优、

① 王符．潜夫论[M]. 沈阳：辽宁教育出版社，2001.

人优我新”，才能在激烈的竞争中始终处于主动的态势和领先的地位。特别是在快速变化和发展的现代社会，一方面旧事物逐渐被取代，另一方面新的机会、新的事物也在不断获得生长和发育。即使一个人在某一领域可能会落伍和淘汰，但他还有机会在其他领域获得领先和发展的机会。就这一意义而言，只有不懈奋斗，每一个人都有追求卓越的机会。

4. 诚实守信是干好工作、成就事业的基本品质

“诚信”的基本内涵包括“诚”和“信”两方面。“诚”，主要是讲诚实、诚恳；“信”，主要是讲信用、信任。“诚信”的含义，主要是讲忠诚老实、诚恳待人，以信用取信于人，对他人给予信任。

现代汉语中，人们已经广泛使用“诚信”概念，现代人对“诚信”的使用大多不在基于“诚”超越层面的本体论意义，而是从规范层面取其“诚实守信”的基本意义。但是，如果我们细察起来，“诚”与“信”的规范意义仍然是存在细微差别并各有侧重，“诚”更多的是指“内诚于心”，“信”则偏重于“外信于人”；“诚”更多的是对道德个体的单向要求，“信”则更多的是针对社会群体提出的双向或多向要求；“诚”更多的是指道德主体的内在德行，“信”则更多的是指“内诚”的外化，体现为社会化的道德践行。当然，这种区分并不具有绝对的意义，两者是相互贯通互为表里的、“诚”是“信”的依据和根基，“信”是“诚”的外在表现。

“诚信”首先是处理个人与社会、个人与个人之间相互关系的基础性道德规范。今天我们在公民道德建设中，要大力倡导做老实人、说老实话、办老实事，以信待人、以信取人、以信立人的美德。

诚实守信，要讲信用。信用是成就事业的根本。一个人没有信用，就不能与别人合作共事。诚实守信历来是成就事业者的基本品质。在改革开放，发展社会主义市场经济的过程中，要求人们讲信用、重信用有着很强的现实意义。大学生要带头讲信用，带头与各种不讲信用的现象和行为作斗争，促进全社会形成诚实守信的良好风尚。

诚实守信是现代社会互相合作的重要前提，也是市场经济条件下公平竞争赖以维护的重要准则。现代社会是一个高度复杂的大系统，社会生活必须依据各种规则有序的运行。当诚实守信成为每一个人的自觉行为和整个社会约定俗成的规范时，它就成了维护社会成员具体的个人利益和整个社会的共同利益的基础。

第三节　大学生道德素质教育的方法途径

人的本质特点就是他的社会性和可塑性，特别是青年人的道德素质、人格素质还没有定型，可塑性极大。

一、大学生道德素质教育的相关问题研究

（一）强化责任感是大学生道德素质教育的重要内容

人在社会生活中必然要扮演一定的社会角色，承担一定的社会责任，在社会历史进程中发挥这样或那样的作用。对肩负全面建成小康社会伟大历史使命的青年大学生而言，在社会主义市场经济条件下，正确认识和处理个人与社会的关系，明确人生的社会责任，无论是对于促进自身的发展完善，还是对于推动社会历史的进步，都具有极其重要的意义。

1. 责任感的内涵

所谓责任感，是指人们在保护和促进自身权益的过程中，不忘他人和社会的整体利益，自觉履行各种法定义务，积极承担自己应尽的责任。从道德自身的特点和实践经验来看，大学生道德素质教育应该把培育和强化事业责任感、工作责任感社会责任感作为一个重要的基点。

第一，责任感是道德的内核。任何道德规范都是相应责任的体现，如政治道德、社会公德都是一定的政治责任、社会责任在道德领域的内在反映。如果没有相应的责任要求，道德规范就成了空洞的条文，很难发挥积极的作用。

第二，责任感是自觉遵守道德规范的前提。任何道德规范的落实，都要靠人的自觉性，而这种遵守道德规范的自觉性的培养和形成，恰恰是以人的责任感为前提的。责任感是自觉性的基础。如果一个人有了强烈的责任感，就会自觉地遵纪守法，遵守各种道德规范，对自己、对他人、对社会认真负责，妥善处理好不同利益主体的关系，严格自律。相反，缺乏责任感的人，往往对自己的言行极不负责任，有的甚至不顾最基本的道德准则，损害他人和社会的利益。道德行为是道德本质的外在表现，从一个人的言谈举止中，我们可以看出他的道德涵养，他的责任感。生活告诉我们，任何高尚的德行，都是以某种责任感为支撑。

第三，责任感是道德评价中最一般的价值尺度，是一条“底线”。由于职业的不同，人与人之间在政治水平、经济状况和文化素质方面存在差别等原因，其道德规范、道德觉悟和道德水平也肯定会有所不同，但是责任感是对每个人共同的道德要求。我们评价一个人的道德状况，关键是看他有没有承担起相应的责任和遵守相应的道德规范，如果他承担了相应的道德责任，遵守了相应的道德规范，他就是一个有道德的人，否则，他的道德水平和道德觉悟就有问题。正是责任感在道德实践中的这些重要功能，使我们确信，人的责任感是整个道德大厦赖以建立的基石，我们要在新的形势下扎实有效地提高大学生的道德素质，就必须以培育责任感为突破口，夯实道德建设的基础。

2．社会责任的特征

社会责任作为一个道德范畴，往往同使命、职责和任务具有同等的意义。所谓社会责任，就是一个人为社会、集体应该做到的事情及对自身行为后果的负责。人作为一定的社会成员，在社会生活中，不论个人是否意识到，客观上都必然要对社会和他人承担一定的使命、职责和任务，因而都有对社会和他人履行义务的社会责任。义务表明个人对社会和他人所承担的社会责任，也表明社会和他人对个人行为的要求。它是由社会的物质生活条件决定的人与人之间道德关系的反映，是一个正常人赢得他人和社会承认、尊重的价值尺度。

第一，人生社会责任具有客观性。社会、集体是客观存在的实践，人对社会、集体所承担的责任就是客观实在的，而且也是客观规定的。社会、集体给每个人的发展都提供一定的条件和帮助，也就是向每个人负责，因而每个人也必须为社会负责任，尽义务，这是不以人的意志为转移的。

第二，人生社会责任的实现受主观能动性的制约。作为社会的人具有意识和思维创造能力。人能够根据客观存在着的事和物，提出自己的想法和见解，并将其付诸行动，以此来履行自己的社会责任，达到认识世界和改造世界的目的。这个过程就是人的主观能动性发挥的过程，它体现了一个人对社会、集体的责任心。责任心的强烈与否，直接影响着社会责任实现的程度。对社会、集体有着强烈责任心的人在为社会、集体承担责任时，就会充分发挥自己的主观能动性，并以极大的毅力克服重重困难，义无反顾地为实现自己的目标而奋斗。中华民族的多少英烈，为解救在水深火热之中的人民，铁肩担道义，勇敢地挑起了拯救中国的重任，在为履行自己的社会责任过程中发挥了极大的主观能动性，贡献了自己的一切。

3. 强化责任感是大学生价值观教育的基础

当代大学生的思想特点之一，是观念随着身心价值的发展正处于逐步形成时期，相对比较不成熟和不稳定。受家庭、社会、教育状况等环境因素的影响，其价值取向具有积极与消极的两重性特征。积极性表现为受传统思想影响形成的爱国主义意识、较强的组织观念及遵纪守法观念；受市场经济影响形成的竞争意识、开拓意识、独立自主意识和锐意进取精神；在时代进步影响下形成的民主与法治意识等。消极因素表现在为部分大学生受传统观念影响而形成的故步自封意识；在西方不良思潮影响下形成的个人中心主义、自由主义、极端主义；受不完善的市场经济体制冲击而形成的重索取轻奉献，重个人轻集体，重物质利益轻精神文明，一切向钱看的意识等。这些消极因素是阻碍部分大学生形成正确价值观的绊脚石。由于大学生价值取向的两重性特征，他们迫切希望实现自我价值却又相对缺乏深层次的社会思考和高层次的理想追求，这与社会发展形势不相适应，若不需要加以正确引导与纠正，进一步强化大学生的责任感。

思想教育工作者应充分利用思想教育课和政治理论课，对大学生进行价值观教育，用辩证唯物主义和历史唯物主义观点加以正确引导。在肯定学生自我价值实现的同时，强调社会价值包容个人价值，个人价值只有通过其创造出社会价值才能为社会所肯定与承认，任何脱离集体与社会的个人都只可能是无源之水和无本之木；崇高的理想以及与之相伴随的自觉行为才可能创造出真正的社会价值。只有让大学生有了深刻的理性认识后，才能确立稳定的正确的价值观，其思想与行为才能保持良性发展而非随波逐流。

大学生在接受高等教育的同时，又处在走向社会的预备期这一特殊阶段，就其心理发展而言，是一段迅速走向成熟而又未能达到完全成熟的关键时期。就在这一特殊阶段，大学生发现和认识到自己处在，必须认真思索和定位的时候了。这种矛盾伴随着痛苦和不安迅速摆在了大学生面前，涉及大学生生活的各个方面如国家需要、个人理想、事业选择、恋爱婚姻家庭等。大学阶段的教育，正是针对大学生的这一特征，把大学生由理想的自我过渡到现实的自我；引导和帮助他们逐步走向成熟与完善；在传播知识技能的同时，强化他们的人格品质，并以培养他们的责任感为首要任务。

人的个性品质对人生的影响有着非常重要的决定作用，尤其是责任心的培养对高等教育提出了多么严峻的现实考验。概括而论：教育的真正目的不但使受教育者在占有知识的同时，不为知识所困，而以知识主人翁的姿态对知识加以灵活应用；更重要的在于运用知识投身于崇高、正义、公益的事业中去，并且投入得越深入，我们就越加高尚、正直、聪明、诚信，更有责任感。

（二）富有事业心是大学生实现人生理想的力量源泉

无数人实践证明，要成为有用人才，需要进行多方面的锻炼和修养，其中最基本的则是树立远大理想和培养强烈的事业心，因为它是培养其他修养的基础。

1．事业心的内涵

事业心是为实现远大理想而献身于某项具体事业的决心和负责的心理状态，事业心与理想既有区别又有联系，事业心受理想（特别是社会理想和职业理想）的制约与支配。任何理想都要通过一定的具体事业去实现，而任何事业又都是在一定的理想指导下进行的。若只有“理想”而没有强烈的事业心还去努力实现它，那种“理想”也只不过是空洞的幻想。一般情况下，如果真正树立了远大理想，就会产生强烈的事业心。

2．事业心的主要表现

第一，自觉地认识自己所从事的事业对社会的意义，明确自己肩负的历史使命。只有这样才能根据社会的需要，选择自己的奋斗目标，并有饱满的工作热情，有强大的动力和献身精神。我们中华民族是一个有志气的民族，培育了许多为民族振兴、祖国富强而献身的人才，他们的业绩可歌可泣，他们强烈的事业心值得世世代代人学习和继承。

第二，不断探索，勇于创新，永不停步。社会不断进步，人类认识自然、改造自然、认识社会和改造社会也是永无止境的。因此，需要人才不断探索，勇于创新，永不停步。强烈的事业心可以使人才在取得成绩后永不满足，不断追求新成就，永远保持旺盛的创造激情和实干精神。

第三，兢兢业业，埋头苦干，百折不挠，顽强奋斗。一个立志成才者，树立远大理想是非常必要的，但是他还必须有强烈的事业心，去兢兢业业，埋头苦干，百折不挠、顽强奋斗，理想才有可能最终实现。因为改造自然和改造社会都不会是一帆风顺的，总要遇到各种各样的困难和挫折，探索和创造过程中的困难。

第四，不图名利，勇于献身。一个有远大理想和强烈事业心的人，不会被名利所倾倒。因为他们明白，一个人的贡献再大，对于整个事业，对于人类的进步所起的作用，是微乎其微的；更明白自己所做的一切是对人民应尽的责任，人民给自己的荣誉、报酬，应该成为自己前进的动力，绝不应该成为包袱，更不应该“利令智昏”，向人民讨价还价。

3. 自觉培养强烈的事业心

第一，需要树立科学的世界观。要以科学的世界观观察自然和社会，正确地认识社会发展的总规律，从而正确地认识自然和改造自然。在复杂的自然现象和社会现象面前，往往迷失方向，分不清是非曲直、真理与谬误。只有树立科学的世界观，才能把握住大的方向，以辩证唯物主义观点分析各种复杂问题，事业心才能建立在科学的理论基础上。

第二，要了解自己所从事的工作和专业的意义，培养兴趣，并对自己的工作充满热爱是非常重要的。如果对自己的工作没有了解、没有兴趣，更谈不上热爱，那就很难具备事业心。因此，需要注意克服单纯的个人兴趣，培养对自己工作的兴趣。

作为管理者，安排工作时应考虑每个人的兴趣，同时，个人也应该更多地考虑事业的需要。个人的兴趣是可以改变的，也可以培养的。通过积极学习、实践和不断提升自己的技能，逐渐培养对工作的兴趣和热爱。在了解工作的意义和价值的同时，也需要为自己的发展和事业的成功而努力。只有对工作充满热情，才能更好地发挥自己的潜力，为事业的发展做出重要的贡献。

第三，警惕和抵制消极腐朽思想的侵蚀，否则，让消极思想熏染，就有可能丧失对事业的追求。青年一代应该有雄心壮志，树立起强烈的事业心，肩负历史重任，用自己的双手写出全面建成小康社会的历史新篇章。

二、大学生道德素质教育的具体方法

（一）掌握道德素质培养的方法

实践是道德修养的根本方法。人的道德素质只有在人们相处的社会关系中，并通过相互关系才能产生和形成。任何人的存在都不是孤立的，而是在社会关系的影响和制约中存在的，人们的道德素质和行为也只能在人和人相处的道德关系中，才能够形成和表现出来。

素质修养的一个重要原则就是理论联系实际，身体力行。因此，努力学习，掌握集体主义的道德原则和规范的科学理论是极为重要的。因为只有拥有理论，才谈得上去联系实际，只有在理论的指导之下，树立崇高的道德理想，才能在素质培养中认识哪些是道德的，哪些是不道德的，并通过道德实践活动，反复检查自己的言论和行为，不断克服那些违背道德要求的坏习惯，努力提高自己的道德境界。

人的道德素质修养是一个从认识到实践，循环往复，不断提高的过程，永无停止之时。大学生要提高自己的品德素质就必须不断地把自己的认识付诸实践，使道德情感、道德意志、道德信念，通过学习、修养、锻炼及反省、对照、检查，使知、情、意、信等内化贯通融为一体，再转化到个人的道德行为实践中去，这样才能达到道德较高的境界。

（二）创造良好的环境加强道德教育

人总是生活在一定的具体历史环境中，人的思想、认识、情感、意志都要受社会环境的影响和制约。因此创造一个良好的环境，能促进良好道德的形成和提高。

良好道德素质的形成要经过复杂的过程，即包括道德认识、道德情感、道德意志、道德信念和道德习惯的形成。因此在进行道德教育时，主要应从以下 5 个方面入手。

1. 提高道德认识

道德认识指行为者对个人与他人、个人与社会的关系及调节这些关系的理论、原则和规范的了解和掌握。道德认识是道德行为和习惯的先导，没有正确的道德认识，就不能形成相应的道德行为和习惯，即使表现出道德行为也是偶尔的、不系统的。正确的道德认识是推动人们采取相应的道德行为和习惯的巨大精神力量，是使良好道德转化为个人内在品质的首要因素。因此，要培养良好的品德素质，首先要提高人们的道德认识，有目的、有计划地讲解良好品德的理论、原则和规范，形成良好的品德素质的概念，提高道德判断能力。

2. 增强道德情感

道德情感是随人们的道德认识而产生和发展的，对道德行为起着巨大的调节作用。因此，在提高人们道德认识的同时，还要加深对道德情感的体验。道德情感应从多方面进行陶冶，如听取先进人物事迹报告、日常生活多做好事等；道德情感的形成还需要在实践过程中，经过长期的甚至痛苦的磨炼。它一经形成，就会成为一种稳定的强大力量，积极影响人的品德。因此，高校要组织各种有益的活动，促进大学生道德情感的形成。

3. 磨炼道德意志

道德意志是指人们在履行道德义务的过程中所表现出来的，自觉地克服内心的一切障碍和外部困难做出抉择的力量和坚持精神。它主要表现在能够用理智去战胜欲望，排除来自主客观的各种干扰和障碍，按照所定目标把道德行为坚持到底。道德意志有助于人们顽强地进行良好品德素质的修养，是能达到一定道德水平的重要条件，因而是形成良好品德素质的关键。因此，我们要重视道德意志的培养和锻炼。培养他们的道德义务感、责任感，以充实道德意志的力量源泉，培养他们抵制外部的腐蚀和引诱的能力，保持“富贵不能淫，贫贱不能移，威武不能屈”① 的高尚情操。

4. 强化道德信念

道德信念是行为者对道德理想、道德人格、道德原则、道德规范的坚定不移的信仰。道德信念是深刻的道德认识、炽热的道德情感和顽强的道德意志的有机统一。它具有综合性、稳定性、持久性的特点，是良好品德素质形成的核心因素，是道德认识转化成道德行为的内在力量。在历史和现实生活中，无数先进人物之所以能成为人们学习的榜样，就是因为他们能不折不扣地完成道德准则的要求，严格要求自己，不被社会上不良的现象所影响，忠诚地履行自己的道德义务。因此，我们在进行道德教育过程中，必须紧紧抓住这一中心环节。

5. 养成道德行为

道德行为是指人们在一定的道德认识、情感、意志和信念的支配下，采取有目的的行为。它是衡量人们道德水平高低、道德品质好坏的主要标志。看一个人

① 孟轲．孟子 [M]. 西安：三秦出版社，2018.

的道德品质，不是取决于他的言语是否动听，而是取决于他的行为是否高尚，言行是否一致，是否有利于他人和社会。偶尔的一种道德行为并不能体现一个人的道德品质好坏，道德行为只有养成道德行为习惯，才能达到完善的地步，良好品德素质才得以定型。因此，在教育中不要忽视道德习惯的培养。

在整个道德教育过程中，道德认识、情感、意志、信念和行为这五个基本要素是相互制约、相互渗透、相互促进的，道德认识是前提和依据，道德情感和道德意志是必备的两个内在条件，道德信念是核心和主导，道德行为的自觉性和持续性是道德品质高低的主要标志，道德实践贯穿这一教育的始终，并为各个因素或环节相联结、相统一。

（三）道德修养是培养良好品德素质的决定因素

道德教育是个人品德素质提高的外因，道德修养是个人品德素质提高的内因，外因只有通过内因才能起作用。具体做法如下。

1．自觉接受道德教育

大学生自觉接受道德教育就是能自觉主动地系统学习良好品德的理论体系，不要有厌学的思想和行为。这是因为理论是行动的指南，理论越彻底，认识越正确，进行自我修养的自觉性就越高，在修养过程中的盲目性就越小，也就越能增强识别能力，坚持正确方向，免受挫折，少走弯路。因此，大学生应自觉接受政治经济学、哲学、中国特色社会主义理论及思想品德修养、法律基础等理论教育。在这些理论的指导下，自觉树立崇高的理想和科学的人生观。

2．知行合一，言行一致

道德知识与其他知识不同，道德知识需由道德行为来体现，没有道德行为就等于没有掌握道德知识。而其他知识只要记在心里，即使没有去实践，也仍视为有知识。可见，良好的品德素质必须知行合一，言行一致。大学生在接受系统的道德理论学习后必须投身于实践中去，只有投身到实践中，才能改造自己的主观世界，只有在与人们相处的道德关系中，才能改造和完善自己的道德品质。只有在社会实践中，才能达到知行合一，言行一致，这是道德修养的特点，也是道德修养的最高境界。道德修养过程的实质是两种道德观念在人们头脑中的斗争，这种斗争是一个复杂而长期的过程，这种斗争过程实质是大学生从认识一实践，从实践一再认识一再实践不断循环往复的过程。这种不断循环，不断提高，才能达到道德修养的目的。

3. 学习榜样，不断内省

榜样的力量是无穷的，模范人物的事迹和言行集中体现着时代精神的风貌，体现着优秀的道德品质和高尚的情操；无论一个人进入哪一种道德境界，往往都是从仿效开始的。自我修养者，往往自我选择榜样，将自己认为真实、感人、伟大、舍己的道德作为自己的榜样，对自己的榜样发自内心地喜欢、崇敬，在言行上亦步亦趋地追求，渴望自己成为未来的他。

在学习榜样的过程中，要注意不断内省。内省是从古至今行之有效的一种自我修养的方法。内省就是自己进行反省，见到不良行为而反省自己，警示自我，发现有良好品德的人要主动向他学习，并找出自己的不足。在日常生活中，主动地把自己的行为与榜样相比较，找出差距，不断反省自己，开展自我批评。人无完人，模范人物也有其不足的一面，他们之所以能成为模范，是因为他们能自觉进行自我批评，不断反省自己，始终坚持正确的方向。

4. 严于律己，努力做到慎独

“慎独”是道德素质修养的又一种方法，也是要达到较高的道德境界。所谓“慎独”，《礼记·中庸》里讲道：“莫见乎隐，莫显乎微，故君子慎其独也。”[①] 也就是说，无论有没有人监督，都要严格要求自己。道德品质高尚的人就特别注意从最隐蔽的心境和最微小的事情上提高自身的道德素质。“慎独”的特点就是要求人们在道德修养过程中，必须自觉树立坚定的道德理想和信念，言行一致，表里如一，始终如一。在今天，就是用社会主义道德原则和规范来约束、控制自己，选择道德的行为。这种“慎独”和“自律”的方法，对于大学生进行道德素质的教育和修养是值得借鉴的。

慎独最基本的特征是充分发挥自觉性在道德修养中的作用。一方面，慎独要求一个人即使在别人看不见自己的行动，听不见自己的声音的情况下，对待最隐蔽、最细微的事情能按道德的准则行事，这是以高度自觉性为先决条件的，要做到这一点，必须重视道德修养本身的锻炼，提高道德修养的自觉性或主观能动性。另一方面，慎独要求人们在独立工作，无人监督的环境下，也能够严格按照道德

① 戴圣 . 礼记 [M]. 南昌：二十一世纪出版社集团，2019.

准则行事，做到时时处处不离道德原则，即达到“人心所欲，不逾矩”的境界。这就要求对道德的种种原则、规范不仅熟知，而且接受，并让它成为自己的内心信念。要达到这种水平，需要长期不懈地学习、锻炼，依靠在实践中所形成的内心信念来支配自己的行动。

第三章　大学生人文素质教育

本章主要内容为大学生人文素质教育，主要从人文素质教育的基本内涵、人文素质教育的基本内容和主要方法途径等方面入手，对当代大学生人文素质教育进行了详细的探究和分析。

第一节　人文素质教育基本内涵

人文素质是一个人内在的精神品质，是个人或群体人文知识、人文思想、人文方法和人文精神的集中展现。

根据《教育部共青团中央关于加强和改进高等学校校园文化建设的意见》[①]内容，应该采取注重人文素养和科学精神的教育方式，以提升大学生的内在修养、人格及魅力等；需要培养学生的创造性思维，帮助他们学会妥善处理人际关系以及社会和环境方面的关系。

据《教育部关于深化职业教育教学改革全面提高人才培养质量的若干意见》所述，在教学过程中必须注重培养和实践社会主义核心价值观，同时重视学生职业发展和可持续发展的需求，并推动学生在道德、智力、身体和美感等方面实现全面的发展。注重培养学生的思想道德修养和人文修养，同时全方位提升其职业能力，以提高人才培养的综合质量为目标。

一、人文与素质

人文与天文、地理（文或纹）相对而言，“人文”二字最早出现在《易经·贲卦·象辞》中，原文为“刚柔交错，天文也；文明以止，人文也。观之天文，

① 中华人民共和国教育部．教育部　共青团中央关于加强和改进高等学校校园文化建设的意见[EB/OL]．(2004-12-13) [2023-03-19].http://www.moe.gov.cn/jyb_xxgk/gk_gbgg/moe_0/moe_495/moe_512/tnull_6653.html.

以察时变；观之人文，以化成天下”。这段话的意思是日月星辰刚柔交错形成天之文饰；以文颂德礼仪昌明是人类的文明。上观天之文饰，可察看四季时空的交替变化；下观人类文明，可以推行教化民众促使天下昌盛。可见在我国古代，“人文”一词就是“以文教化”“人文教化”的意思。

人文就是人类文化中的先进部分和核心部分，即先进的价值观及其规范。《辞海》对“人文”的释义是：指礼乐教化；指各种文化现象；人事，指人情事理；人世间的事情，也指人为之事；人力，还指官务、仕途。

“人文”一词在西方指的是高雅技艺的教育与训练，英文“hu-manity”（人性）、“humanities”（人文学科）等都与汉语“人文”意义接近。

人文的核心是“人”，以人为本，关心人，爱护人，尊重人。人文主要指人文科学或人文教育，包括知识、信仰、道德、法律、习俗以及作为社会成员的个人而获得的任何能力、习惯在内的一种综合体。

“素质”本是生理学概念，指人的先天生理解剖特点，引申为人与生俱来的以及通过后天培养、塑造、锻炼而获得的身体上的和人格上的性质特点。《辞海》中“素质”的定义在心理学上，指人的先天的解剖生理特点，主要是感官和神经系统方面的特点。是人的心理内容和发展水平等些素质上的缺陷可以通过实践和学获得不同程度的补偿。

素质是一个人在社会生活中思想与行为的具体表现。在社会上素质一般定义为：一个人文化水平的高低；身体的健康程度；家族遗传于自己的惯性思维能力和对事物的洞察能力，管理能力和智商、情商层次高低以及与职业技能所达成级别的综合体现。

素质可分为“三类八种”，“三类”素质即自然素质、心理素质和社会素质；“八种”素质是指政治素质、思想素质、道德素质、业务素质、审美素质、劳技素质、身体素质、心理素质。

素质还可分为科学素质和人文素质，科学素质是指当代人在社会生活中参与科学活动的基本条件，是人们在获得和应用科学知识的过程中表现出来的内在品质。

二、人文素质

所谓人文素质，是指人们在历史、政治、哲学、美学、道德、法律、艺术、音乐、语言和文化知识等方面的综合素质所达到的发展程度，是人的知识、能力、观念、情感、意志等内在品质的集中表现，主要指一个人的文化素质和精神品格。

乐黛云认为，人文素质是指人们对生活的态度、个人内在的品德修养以及对待人际关系的看法。这些都是人们内在的东西，反映了一个人的处世智慧。它不自觉从人们的语言和行为中显现出来，从眼神、表情和姿态中流露出来。

人文素质主要包括以下四个方面的内容。

（一）人文知识

人文知识处于有关人类精神生活方面的人文领域，包括历史、文学、政治、法律、艺术、哲学、宗教、道德和语言等领域的基础知识。

（二）人文思想

人文思想是为了支撑人文知识而产生的基本理论和其内在的逻辑体系。相较于科学思维，人文思维更能凸显出民族文化、个性特质和独具特色的观念体系。基本的文化理念是构成人文思想核心的要素。

（三）人文方法

人文方法是指在探索和实践人文思想中，所采用的认知方式和实践方式，展示了人文思想的形成和发展历程，以人文方法来学习和应用是提高人文素养的重要组成部分。人文方法重在定性，侧重于体验，与具体的文化背景紧密结合。

（四）人文精神

人文精神为人文思想和方法产生世界观和价值观奠定了基础，它展现了人类文化和文明最为关键的特征。

人文素质是一个综合性的概念，它包含许多不同的方面，其中人文精神是非常关键的一个因素。这种精神体现了人类应该处于中心地位的理念，并且在处理人类与自然、社会、文化等的各种关系时非常重要；以满足人类各种需求为最终目标，在实践和认知活动中，强调以人为中心的原则；与物相比，人独具特殊地位，因为我们强调人比物更加珍贵、更有价值，强调了生命至上的人道主义原则；在涉及处理个人关系时，强调互相尊重对方的人格尊严，这表明每个人都应被平等对待。

人文素质是人在社会化过程即自我完善的过程中起支配作用的核心素质，是大学生在社会生活和工作中最具竞争优势的素质。它对其他素质的形成与发展具有很大的影响力，对大学生形成健全人格、改善思维方式、冲破狭隘功利主义意义重大。当良好的人文素质内化为大学生品性中的一部分时，无论他处于怎样的境遇，都能协调好自己的知、情、意、行，较好地适应外部环境，保持乐观、向上的精神状态。

三、人文素质教育

人文素质教育是一种以培养受教育者人文知识水平、文化素养以及为人处世的世界观、人生观、价值观等，最终以提高受教育者以人为本的内在精神素养为目标的教育活动。

根据《教育部关于加强大学生文化素质教育的若干意见》，大学生应该具备思想道德素质、文化素质、专业素质和身心健康素质等方面的综合素质。而其中，文化素质是必不可少的基础。[①] 我们致力于提高文化素质教育水平，并特别关注人文素养的提升。提升学生的人文素质教育必须强化人文社会科学领域，例如文学、哲学和艺术等的学习，同时增强自然科学教育，以提高学生的文化素养、审美品位、人文修养和科学素质水平。

人文素质教育的目的是通过教育和培养，将人类历史上积累的文化精华传承下来，并且通过学习和实践，让这些知识和经验成为人们心灵深处的一部分，体现在他们的品格、风度和修养中。[②] 人文素质教育旨在通过教授学生人文和社会科学以及自然科学方面的知识，帮助学生具备人文知识，了解和理解人文思想、掌握人文方法，增强他们对自然、社会以及人际关系方面的认识和应对能力，并培育出能够处理理性、情感和意志方面问题的优秀人才，提升他们的文化品位、审美情趣、人文素养和科学素质，全面发展他们的知识、能力和素质，让他们成为社会所需要、具备高素质、肩负时代使命的人才。

---

① 中华人民共和国教育部．关于加强大学生文化素质教育的若干意见[EB/OL].（1998-04-10）[2023-03-09].http://www.moe.gov.cn/s78/A08/moe_734/201001/t20100129_2982.html.

② 王森勋．高职学生人文素质教育[M].济南：泰山出版社，2010.

四、人文素质教育的现状

人文素质教育不仅强调学生的专业知识和技能，还注重培养学生的道德伦理、批判思维、文化意识、创新能力和社会担当等方面的素质。

现代高校逐渐意识到学科之间的相互关联性，纷纷推出跨学科的人文素质教育课程和项目。这有助于打破传统学科界限，促进学生跨学科思维和综合能力的培养。高校注重将人文素质教育与实践教学相结合，以培养学生的实际应用能力和与社会相连接的能力。通过社会实践、实习、实验等形式，学生能够将所学的人文知识与实际问题相结合。许多高校加强了人文课程设置，为学生提供了广泛的选修和必修人文课程，如人文科学、哲学、文学、历史、艺术等。这些课程有助于培养学生的人文素养、批判思维和审美能力。高校鼓励学生积极参与人文素质教育相关活动和项目，如学术研讨会、文化艺术团体、公益志愿服务等。这些活动不仅能够拓宽学生的视野，还培养了他们的协作能力和社会责任感。随着全球化的发展，高校也注重培养学生的国际化视野，加强国际交流与合作。通过与海外高校的合作项目、留学生的交流等，学生能够接触多元文化，增进跨文化交流和理解能力。人文素质教育在高校的推进仍然面临一些挑战，比如课程设置的单一性、教师培养的不足等问题。教育机构应持续加强人文素质教育的宣传力度和投入，同时提高师资队伍的素质，推动人文素质教育在高校中获得更好的发展。

近年来，高校在对大学生实施素质教育的过程中，注重加强大学生人文素质的教育和培养，也取得了一定的效果。

（一）多元化的兴趣和爱好

当代大学生的兴趣爱好表现出了极大的多样性。他们对文学、艺术、音乐、电影等人文领域的兴趣十分广泛。有的学生热衷于阅读各类文学著作，发掘其中的智慧和美感；有的对艺术领域表现出浓厚的兴趣，积极参加绘画、雕塑、设计等活动；还有的追逐音乐的节奏，热爱演奏乐器，参与音乐团队的合奏；同时，他们对电影也有着着迷的热情，参与观影交流和电影制作。大学生们通过自主阅读、参与校内外的社团活动，积极参观展览和艺术表演等方式，不断拓宽自己的视野，培养独特的审美和人文素质。

（二）价值观的多样性

当代大学生的价值观念呈现出丰富多样的趋势。由于来自不同背景和文化的学生汇聚在一起，他们对于道德伦理、社会责任、公平正义等问题持有各种不同的看法。这种多样性使得他们能够从不同的视角去思考问题，从而拓展了自己的思维边界。同时，当代大学生更加关注个人价值实现和自主追求，在发展自身的同时，也注重个体与社会的平衡。他们追求个人的成长和幸福，同时也关心社会的公正和发展，积极参与各种公益活动，倡导社会公平与和谐。

（三）技术与人文的结合

现代科技的发展使得技术与人文素质之间的结合成为一种显著特点。当代大学生在数字时代成长，熟练运用各种科技工具，如社交媒体、数字阅读等，来获取人文知识并表达自己的思想。他们通过社交媒体平台分享自己的文化体验和观点，参与在线文化讨论，展示个人创作和审美作品。同时，他们也关注科技对于社会和人文领域的影响和挑战，深入思考数字化时代对人与人之间的关系、人类创造力和文化传承的影响。

（四）社会参与和公益意识

越来越多的当代大学生关注社会问题和公益事业，并积极参与其中。他们认识到个人发展与社会发展之间的紧密联系，注重个人与社会的互动与贡献。许多大学生积极参与志愿服务，关注环境保护、教育支持、贫困帮扶等各种公益项目。他们组织和参与各类公益活动，通过实际行动改变社会、帮助他人，树立起积极的社会责任感。

（五）跨文化交流和理解能力

随着国际化的发展，当代大学生具备较强的跨文化交流和理解能力。在国际交流项目和留学经历中，他们能够与来自不同国家和地区的人互动交流，接触不同的文化价值观念、生活方式和思维模式。这些经历使他们更加开放、包容，拥抱多元文化，增进了对于其他文化的尊重和理解。跨文化交流的经历帮助他们拓宽视野，拥有更广阔的国际视角，在日后的工作和生活中更加容易适应多元化和国际化的环境。

需要注意的是，人文素质是一个广泛而复杂的概念，当代大学生的人文素质存在着个体差异和群体差异。同时，也要意识到在快节奏的学习和生活环境下，个别学生可能面临人文素质的欠缺或关注度不足的情况。因此，高校和社会应鼓励和支持学生培养和发展自身的人文素质，提供相关教育和资源。

五、人文素质教育的重要性

随着科学技术的不断提升和财富的快速积累，社会越来越强调技术的发展和物质的利益，进而导致人文教育逐渐被忽视，这也导致了一系列全球性社会问题的出现。因此，很多国家正在采用多种方法，将科学教育与人文教育相融合，特别是将学生的人文素质培养视为高等教育改革的关键方面。这样做可以推动精神文明和物质文明相互促进，构建和谐的人与自然关系、人与社会关系、人际关系。这个时代需要更多注重文化素质的教育，以培养更多高素质的人才，满足社会可持续发展的需求。

根据《教育部关于加强大学生文化素质教育的若干意见》公布的内容，提升大学生的人文素质教育，不仅是与时俱进的必要条件，也是推进教育改革的关键措施之一，能够全面促进大学生的成长。积极推动文化素质教育将有助于大学生深入学习文化知识，逐步融入文化环境，积极参与各类文化活动和社会实践，进而感受到人文精神的魅力，不断提升自身修养，并激发其强烈的爱国之情。这不仅能开阔视野，丰富思维，激发创新灵感，还有助于在学习专业知识和未来发展中打下坚实的文化基础和深刻的人文底蕴。因此，加强文化素质培养，要从更广泛的角度上，实现大学生的全面发展，使其成为遵循新形势下全面贯彻党的教育方针的重要行动。

大学生在精神上的追求，必然会在很大程度上规范、引导着对物质生活追求的方向，人文素质提高了，会产生新的精神生活与物质生活的需求，这种需求会有力地促进社会生产力的发展。在教育改革和发展的趋势下，注重加强人文素质教育的培养，有助于培养具备创新能力的人才。人文课程的价值不仅在于扩充学生的知识面，而且是为实现高职教育的目标服务，以符合专业及职业方向的需要，并突显学校的独特办学特色。将人文课程纳入教育体系的核心，使学生深刻感知自身在社会中承担的义务并肩负起他们的社会责任。

2013年《中国教育报》曾以《再呼吁：加强大学生人文素质教育》为主题组织有关专家就新形势下加强大学生人文素质教育的必要性、紧迫性展开讨论，[①]加强大学生的人文素质教育是我国经济社会发展新阶段的必然要求，是经历偏颇后，对教育规律回归的再认识，是中国更好地融入世界的时代呼唤；人文素质教育能培养最基本的“人”，能让学生形成科学的世界观、人生观、价值观，让学生形成一种真正的民族情结和民族气节；人文素质教育有助于大学生理解生命的意义和价值，有助于大学生人文素养的提升，有助于形成昂扬向上的大学精神，有助于营造独具特色的人文校园氛围。

为了适应社会的发展，我们需要更加强调培养人文素质的重要性。随着现代经济的快速发展和产业结构的调整改进，需要具备高水平综合素质和技术技能型专业人才。在中国梦实现过程中，人文素养已经成为现代技术技能型人才的一个必备方面和主要特征。只有将技能素质和人文素质有机结合，才能真正培养适应现代社会发展需求的高素质技术技能人才。

学校教育的本质特征是强调培养人文素质。学校作为主要的文化传承和创新推动场所，其教育目标主要在于发掘和拓展人的潜力。在教育活动中，人文素质教育在学校教育中具有基础性和优先性的地位，因此不可或缺。虽然职业教育的核心在于提升技术技能，但其真正的目标还是通过激发个人的智力，帮助他们实现个人成长和发展。职业教育只有在注重人文素质培养的情况下才能被视作真正的职业教育。

为了学生自身的发展，必须加强人文素质教育。通过科学的人生观，人文素质教育引导个体实践，是促进个体自我塑造、自我提升的过程。技术技能型人才未来的发展与个体所具备的人文素养密不可分。特别是在以就业为导向的职业教育中，向学生灌输人文知识，让他们置身于人文环境之中，不仅可以使学生具备隐形职业素养，包括职业意识、职业道德等，而且提供了强大的精神动力和持续发展的能力，为他们在未来掌握更多发展机遇提供了支持。

孙兴民、史琳、芮红等认为，大学生成长成才需要提升人文素质修养。通过人文科学的学习，大学生能够获得正确的世界观、人生观和价值观，更好地

---

① 中工网．再呼吁：加强大学生人文素质教育[EB/OL]．(2013−11−26) [2023−03−19]．https://www.workercn.cn/255/201311/26/131126173334267.shtml.

运用所学知识并正确地处理事务，从而成为具有真正才华的人才。通过加强人文素质教育，履行教育的根本职责，提升全民的综合素养水平。在当今历史发展时期，教育工作受到国家更加严格的要求。除了教授知识，加强大学生们人文素质也是一项同等重要的任务。加强人文素质教育对国家发展至关重要。当前正是国家发展的重要时期，国家建设者和接班人需要不断提高自身素质。因此，大学生的素质水平也受到国家更严格的要求。大学生不仅需要具备科学技术能力，还需要彰显出人文精神。大学生在人文素养方面的水平对全国人民素质的水平产生直接的影响，因此，在某种程度上，这也反过来影响了国家的精神文明建设。

原中国高等教育学会会长瞿振元先生认为，素质教育符合我国经济社会发展的现实需求，符合党的教育方针的时代要求，符合学生成长成才和全面发展的深切期盼。必须把全面实施素质教育作为教育改革发展的核心理念、系统设计、整体规划各级各类教育中素质教育的重点任务，改革人才培养模式，推进教育教学改革，使素质教育思想真正融入人才培养全过程，关照到每一个学生的成长成才，在中国的教育实践中全面落地生根。

高等教育旨在运用人文素质教育培养大学生高尚的道德品质、正确的人生态度、积极进取的创新思维、明确的社会责任感，以及勤勉努力、追求卓越的工作态度。强化大学生的人文素质教育在大学教育中是一种行之有效的途径，可以提升他们的综合能力。这样做可以帮助学生构建理性、完整的知识体系，促进其认知、情感和意志的全面发展。此外，这也能够拓宽大学生的视野，提升其品质和人际协调能力，培养其坚忍的意志和具有责任感的价值观，有助于学生形成正确的世界观、人生观和价值观。

六、新媒体时代对人文素质教育提出的要求

本质上来说，新媒体属于技术范畴，社会上对新媒体的运用非常广泛，而且达到了一定的规模，一种新生的社会环境在此基础上逐渐形成，这一环境给人文素质教育带来一定的挑战，而且目前关于这方面应对策略的研究相对较少，现有的研究又不够细致与深入，常常局限于“保护性”媒介素养教育，将素质教育和新媒体看成相互对立的两个个体。在新形势下，高校人文素质教育既要从转变观

念和改革课程等方面充分发挥“育人”功能，又要将自身在言传身教、线下传播等方面的优势充分发挥出来，从而为现代社会的新媒体大环境提供健康引导。

具体而言，新媒体时代进行人文素质教育需要注意以下四个方面的要求。

（一）转变对新媒体的审视角度，做媒介素养教育的“实践者”

新媒体中包含大量的信息，这些信息更新特别快，大学生通过新媒体方式接收信息的同时，自己的观点与其他各种不同的观点会相互碰撞。新媒体信息具有个性化色彩，而且表现出来的价值取向也是多元化的，这都在很大程度上影响着大学生的思想和认识。新媒体时代与大学生互相承载，二者不可分割，这是我们必须承认的客观事实，新媒体对高校素质教育造成一定的冲击，但是我们可以在中间发挥一定的引导作用。

（二）加强信息素质教育

人们使用各种工具来获取信息，然后将这些信息利用起来以解决现实问题的技术和技能就是信息素质。信息素质不仅体现在以传统媒介为对象的信息获取，而且其在新媒体时代还体现在遵循社会规范，使用新媒介获取信息并发生信息交互的能力。在信息时代的素质教育及各学科教育中，信息素质教育是基础，通过这一教育要使学生正确分析信息需要，并能有效搜集、甄别和利用海量信息。新媒体时代，硬件和软件的发展非常迅速，普及也很广，学生课外接触的信息远远超过课堂上接收的信息，大量的课外信息对学生的影响相对较大，因此在高校教育中有必要加入信息素质教育，在教育中将自身的信息资源、人才储备等优势充分地发挥出来，同时将现代信息技术融入信息素质教育中，以提高教育效果，有效培养与提高大学生的信息素质。

（三）树立正确的教育和受教育观念，适应“教学相长”的新环境

现在，手机、电脑等新媒体已经成为大学生日常生活中不可缺少的一部分，对此，教师不仅要做好传统教育工作，还要不断学习使用新媒体工具，从而帮助大学生解决学习与生活中遇到的问题，与大学生共同成长与进步。教师要学会运用新媒体与学生联系，从而实时掌握学生的思想、学习及生活情况，这有助于建立良好的师生关系。此外，教师还应通过新媒体来丰富自己的知识，清楚大学生

对哪些话题更感兴趣，从而在教育过程中通过这些共同话题拉近与学生的距离，并融入人文素质教育，提高教育效果。

（四）适度使用新媒体，避免过度依赖

作为将硬件和软件融合在一起的新生事物，新媒体颇受大学生欢迎，大学生喜欢新鲜事物，也擅长学习新技术，他们对新媒体的兴趣非常浓厚。但大部分学生只是以碎片式的方式来了解和学习新媒体知识，不够系统。对此，高校应在人文素质教育体系中恰当融入新媒体相关课程，使大学生系统掌握新媒体知识。此外、高校还应重视校园文化建设，避免大学生沉溺于虚拟的网络世界，过分依赖新媒体工具来解决学习问题。针对大学生开展新媒体道德与安全教育也相对比较重要。

第二节　大学生人文素质教育的基本内容

中共中央、国务院发布的《关于进一步加强和改进大学生思想政治教育的意见》明确提出，应该加强大学生人文素质和科学精神的教育，推进集体主义和合作精神，有助于促进大学生思想、道德、科学文化和身心健康的全面发展。根据中华人民共和国教育部发布的《关于加强大学生文化素质教育的若干意见》，我们应该注重培养大学生的综合素养，包括但不限于文学、历史、哲学、艺术等领域的教育，并且还需要强化自然、科学方面的培养。本书认为，大学生必须接受一系列的人文素质教育，其中包括思想道德、人文知识、审美素质以及心理素质等内容。

一、思想道德教育

党的十八大报告提出，要坚持教育为社会主义现代化建设服务。教育的中心任务是培养全面发展的社会主义建设者和接班人。通过优先重视道德教育来实现这一目标。习近平总书记多次强调过立德树人是非常重要的，认为在青少年时期的价值观培养是打好人生基础的关键，他指出："第一粒扣子扣错了，剩余的扣子都会扣错；人生的扣子从一开始就要扣好。[①]

① 中国共产党新闻网．习近平：人生的扣子从一开始就要扣好[EB/OL].（2015-09-28）[2023-03-25].http://theory.people.com.cn/GB/n1/2017/0608/c40531-29327157.html.

王建南认为，在当代中国，大学教育中的立德树人，重点应在“立四德、三树人”。

“立四德”：一立政治品德，就是培育当代大学生具有坚定的理想信念、宗旨观念、价值理念、忠诚于党、国家和人民，自觉投身于中国特色社会主义伟大事业；二立社会公德，就是培育当代大学生遵纪守法、遵守秩序、节约资源、爱护环境、扶贫济困、乐于助人；三立职业道德，就是培育当代大学生爱岗敬业、好学上进，诚实守信、办事公道，甘于奉献、服务社会；四立生活美德，就是培育当代大学生知恩图报、孝老爱亲、谦虚友善、明理包容、热爱生活、昂扬向上。

“三树人”：一树人的社会责任感，积极推崇真理与价值追求，以及展现高尚的道德情操，他们具备以天下为己任的责任感；二树人的创新精神，鼓励学生积极采取批判性思维和参与敢于创新的创造性行动；三树人的实践能力，通过鼓励学生积极参与社会调查、志愿服务、科技创新和勤工助学等活动培养他们解决现实问题的能力。

根据本书的看法，为了有效地落实立德树人的核心任务，高校和教育工作者必须恪守以下三项原则。

第一，培养学生的社会责任感。借助中国特色社会主义理论框架，我们可以使学生更深刻地理解和领会社会主义核心价值观，并贯彻到整个人才培养阶段。鼓励学生将自己的梦想与中国梦相匹配，进而将个人利益与社会福祉紧密结合。以此为基础，每个学生都可以成为实践能力强、有创新力、有社会责任感的人才，对国家、对社会、对人民作出有益贡献。

第二，培养学生的创新精神。我们可以采用创新的培养方式，调整课程架构，采用先进的教学方法和工具，拓展协同教育机制，建立灵活的学业评价体系，以激发学生的创造力和积极性，为学术环境注入创新的气息。

第三，培养学生的实践能力。我们需要更加注重实践教学，在加强学生实习实践基地的建设，强化实践教学环节，以及提高实践教学比例方面做出更多努力。我们应该加强大学生的社会实践活动，鼓励他们积极参加社会调研、实践劳动、志愿服务、公益项目、科技创新以及勤工助学等活动。

二、人文精神教育

人类社会一直以来的文明，涵盖了各种精神发展。民族的思想情感和精神发展是历史和物质生活条件的必然结果。各种类型特色鲜明的情感、想象、思维方式和人生观构成整个上层建筑。那些丰富多彩、内涵深厚的人文特质，都是这些事物在形成的时代背景下所呈现出来的产物。每个历史时期都有独特的文化氛围和价值取向。尽管同一时代的人们都持有人文精神，但由于历史时代和社会背景的不同，其表现也会展现出多样性和独特特点。

（一）人文精神的内涵

作为文化实践和个人思想的体现，人文精神不仅代表着一个民族的文化发展水平，而且反映了个体精神追求的探寻与追寻。因此，在承认其源自社会实践的同时，还需从整体层面来探究和解读其深层含义和文化内涵。在古代，文明和人文是指社会的礼仪制度、道德准则和文化教育，与现代所称的文化概念相似。这也许表明，我们国家最早的人文概念是基于社会整体文化水平所制定的。文化的演进与发展不可避免地塑造出一些珍贵的精神，这些精神鼓舞人们追求崇高的价值观，推动社会与文化向前发展。这种精神在不同的历史时期和文化背景下得到各种不同的拓展和发展，各社会和文化群体都对此做出独特的贡献。

因此，人文精神可以被归纳为由人类优秀文化所滋润、融合和孕育的思想。它在历史长河中逐渐形成并持续发展着。在各个民族的历史进程中，不时有推动社会进步、倡导人民权益、促进革命的文化涌现。人文精神是在高尚文化的孕育下逐渐形成并显现的。人文精神是主体精神品格的一种内在表现，与实践主体和文化主体之间的关系密切相关。这种精神品质，在宏观层面上，集中体现在作为民族支柱的民族精神中；在微观层面上，表现为个人气质和价值观。如追求崇高的道德规范，注重精神修养，渴望打造健康美好的个人形象，热衷于寻求真理，以及运用科学的思考方式等。

哲学思想汇聚了人民最微妙、最珍贵和难以觉察的本质。这意味着哲学包含了人们最重要的思想思维，是时代精神和杰出文化的思想精髓，它在人类的精神领域中扮演着至关重要的角色。马克思主义哲学是不可避免地产生于人类历史和伟大文化的背景下，通过采用这种科学的观点和方法，才能为人类的精神世界创造新的文化和进步提供精准的指引。

我们需要重视的人文价值观，可以总结为以下四点：第一，我们需要遵循马克思主义的世界观；第二，我们要以文化修养为基础，注重人文素质的提升；第三，我们要强调崇高的信念和优良的道德品质；第四，我们要将文化修养、道德修养、科学精神和唯物辩证思维方式融为一体。

（二）人文精神与人才的培养

如果不把科学传播纳入教育，那么培养的只是对某种信仰的坚持，而不是真正的教育。若教育缺乏人文影响，那么它只是单纯传授知识而未真正完成教育的任务。这两者在人才素质教育中是密不可分的。除了接受专业教育外，培养人文素养也是青年大学生未来生活和发展的另一项重要基础。教育的本质在于塑造人们的内在品格和精神状态，即进行做人的教育。人文教育的终极目标在于培养人的人格素养和社会行为素质。实际上，正是人文教育为人们提供了关于道德、价值观和文化的指导和启示：人类文明的起源是什么；人类社会是如何建立和演化的；我们应该以适当的姿态对待自然环境、社会环境、他人以及我们自己等。

因此，高层次人才的人文素质需要包括以下内容。

首先，拥有广泛的人文科学知识是培养出卓越的人文素养的重要基石，此类知识需要覆盖多个领域，其中包括但不限于文学、历史、艺术、科技史以及伦理道德学等方面。华中理工大学校长杨叔子教授在访美期间，遇到了几位华裔教授，他们毫不保留地批评了中国大陆教育存在的缺点。这些教授指出，中国留学生虽然擅长掌握外语、外币知识，但是却对“长城”“黄河”等中国历史文化知识所知甚少，也不熟悉“文天祥”“史可法”等名人和典籍名篇，这样的情况导致他们对祖国和民族的认知和责任感产生了很大的缺失。这番话令人震撼不已。在一位北师大书记的一场人文讲座上，有些学生询问阅读《红楼梦》所带来的收获和价值。他认为不阅读《红楼梦》、唐诗宋词的人以及缺乏文学素养的人都不能免俗。人文教育具有深层次的影响力，它并非为了实用性而存在，更多的是通过启迪心灵、熏陶人性来发挥作用。哈佛大学曾开展过著名的“零点项目”研究计划，它并非从科技教育的角度来探索 20 世纪 50 年代美国在太空技术上的落后，而是从艺术修养的缺失入手，深入分析了美国太空技术滞后的原因。过去普遍认为艺术思维和科学思维是迥然不同的，但是在“零点项目”中发现，这种看法并不完全正确。实际上，这两种思维方式存在很多相似之处，它们可以相互弥补和相互促进。实际上，许多杰出的科学家也被证明拥有出色的文学和艺术天赋。根据爱因斯坦的观点，世界的本质可以用音乐的声音或数学的公式来阐述；自 20 世纪 80 年代起，李政道每年回国两次，积极倡导让科学与艺术相互融合；按照钱学森的见解，科学家与工匠是不同的身份，他们的知识结构必须融合艺术元素，这是因为美学在科学领域同样具有重要作用。

其次，对人类对民族命运的关注和责任感。只有那些具备对人类问题负责任感的人，才能体现出他们的爱国情怀、对人民的虔诚、对社会的善举、对家园的真挚情感以及对自我的尊重。据说 1988 年在巴黎召开的一次会议上，超过一半的诺贝尔奖得主云集一堂。会议的宣言首句强调了人类必须寻找孔子的智慧，以及重新审视千年以前的人类智慧，这是 21 世纪继续生存下去的关键。只有在高科技需要人类通过理智来掌控时，我们才会认识到东方文化的智慧价值不容忽视。仁者所倡导的爱人精神，就是关心社会、热爱国家和民族，以及珍爱我们的地球。

最后，需要具备高尚的人格要素和健康的心理素质。人格的力量是不可估量的，教育也是塑造人格的重要途径。理解和认同是基于道德和价值观，而不是基于权力和强制。在文化时代，道德高尚是高层次人才必须具备的品质。此外，大学生的素质必须重视培养健康的心态。大学生心理健康的重要性不容忽视，因为它的存在是值得关注的。潘云鹤教授是浙江大学新任校长，他在就任之初就提出了 KAQ 模式来培养人才。KAQ 模式由知识、技能和综合素质三个方面组成。他特别注重对 Q 的培养。在当前快速变革的时代，一个人成功的因素不仅在于知识水平，还关乎个人非智力因素的发挥。一些美国的心理学家认为，个人的幸福和成功与他们对生活各个方面情绪的掌控能力密切相关，也称作情绪智商。这种智商包括以下 5 个因素。

①了解自己的情绪，指具备敏锐的自我情绪洞察力并能深刻地理解情绪的来源。

②保持情绪稳定，具备自我调节的能力，能够缓解强烈的心理压力和沮丧情绪，掌控情绪波动的源头。

③通过自我激励，调整情绪并着力追求目标，提升注意力和创造力。

④接纳他人的情感，体察其真实需求，具备同情心，并理解其情感状态。

⑤维持良好的人际关系需要具备理解和适应他人情感的技能。

（三）人文精神的一般特点

1. 历史性和时代性

随着历史的不断发展，人类的文化精神也在逐步形成、演化和发展。根据马克思主义观点，精神生产是随着物质生产的改造而改造的，这也是一种历史和时代的趋势。个体的认知创造能力是心灵存在的一部分，但心灵的出现是与某一特定历史时期的物质生产方式紧密相连的。因此，精神特质的呈现会因历史时期的不同而具有不同的内涵和表现方式。人文精神的本质、思想表现形式以及特点都受到所处历史时代和特定条件的制约。人文精神是受到历史和时代背景影响而存在的，没有超越这些因素的独立存在方式。

人文精神受到历史和时代的塑造，因此在研究和反思时必须考虑具体的历史背景，而不能只追求抽象和永恒的人文精神。虽然我们认为不同的历史时期都有类似的人文精神，但我们需要更加注重不同时期之间的差异，深入探讨每个时代独特的人文精神特征。此外，我们也需谨慎评估历史上思想得到的成果，并积极恢复和发扬人民群众在漫长的革命和建设过程中所孕育的重要精神，使之成为最宝贵的民族精神财富。

2. 民族性和开放性

人文精神的表达，具有与所属民族相关的特征，就像文化一样。人类的进步和发展离不开社会基本矛盾的相互作用和推动。生产力和生产关系之间的相互作用和调和，以及经济基础与上层建筑之间的协调和对抗，是历史发展中普遍存在的现象。具体情况会因地域和文化背景的不同而有所不同。这是民族特色源于人文精神的根本原因。这个视角提醒我们认识到，民族特征并非静态不变的，不应该单纯以符合一定的古老传统为唯一标准来评价。随着历史的变迁，我们的民族精神传统不断地被传承、创新和发展。中国人民一直注重社会责任和国家安全，崇尚共同进步与和谐发展，弘扬个人忠诚于国家大义的价值观和爱国主义精神。这种精神的形成与中国社会所独有的经济、政治和历史背景密切相关。以爱国主义为例，很明显，随着时代和条件的变化，其含义也有所差异。

民族性和开放性是同一个问题的两方面。每个民族的精神都是独特的，具有独立存在的价值和依据。这是一种开放的相互关系，彼此之间可以相互吸收、借鉴、促进彼此的发展。每个民族卓越的文化皆拥有一定的容纳度和开放性，否则文化无法持续发展和传承，最终可能遭受边缘化或灭亡。特别是自近代世界市场开放以来，全球各国的生产和消费都具有普遍性，不仅物质生产如此，而且精神生产也如此。在现今世界，促进各个民族之间优秀文化的交流和融合已经成为历史潮流，并且越来越普遍。这种交流和融合让不同文化相互借鉴、相互成长、共同进步。

可以明显地看到，了解中华民族的特点和开放性对于正确理解中华民族精神的发展以及与其他民族文化精神的关系具有极其重要的意义。为促进中华民族文化和精神的发展，必须突出中华民族的独特性与自信自尊，不断推进中华民族的进步和发展。此外，应积极汲取全球其他民族的文化成就，认真学习和吸收。我们需要从以往陷入民族片面性和局限性的错误中深刻吸取教训，以便在处理这个问题时更加慎重。我们必须对那些对我们有益的精神文化进行深入的研究和借鉴。通过吸收他人的长处来丰富本民族的文化，促进民族精神的进步，最终与其他民族一起共同推动人类文明的发展。

3. 意识形态性

不同的文化和时代之间存在着一种完整的系统，其中不同的层面与社会经济和政治制度之间的互动情况各不相同。每个历史时代的政治和文化背景都是基于主要的经济、生产方式以及交换方式和相应的社会结构建立的。就其本质和整体而言，人文精神具有意识形态的特性。在历史上，文明一直存在阶级划分的现象。每个历史时期都有一种主导的意识形态，并由统治阶级所主导。一定社会的人文精神是一种特殊的精神特征，它必然受制于特定阶级的价值观念，因为它源于优秀文化的传承。如果没有这种限制，它就难以被视作真正的精神珍品。

将问题提升到意识形态的层面可能会受到政治立场的影响，进而影响研究的深入和学术性，这种想法是混淆和错误的。客观存在着一种意识形态性的人文精神，其核心和总体具有这种特征。将人文精神和人文社会科学视为科学分析的基础，而非外来的加入元素，是需要认真对待的。将意识形态与人文理性对立是违背人文精神历史逻辑的。

因此，重点不在于是否能够彻底跳出所有意识形态的限制，而在于我们需要否认某些意识形态，并且支持哪些符合价值观的意识形态。中国社会认为马克思主义是主要的意识形态，并且我们应该把人文精神看作社会主义精神文明的必要组成部分，而不是独立于社会主义精神文明的概念。在党的十九大报告中提出了："发展中国特色社会主义文化，就是以马克思主义为指导，坚守中华文化立场，立足当代中国现实，结合当今时代条件，发展面向现代化、面向世界、面向未来的，民族的科学的大众的社会主义文化，推动社会主义精神文明和物质文明协调发展。"① 这段重要论述表明了在建设一个文化强大的国家的基础上，发展中国特色社会主义文化是必要的。我们应该坚守马克思主义理论和中华文化的价值观，并深入研究当今中国的现实情况，同时紧密应对当前所面临的时代挑战。只有全面执行这些基本标准，才能促进社会主义文化的繁荣发展，实现建设文化强国的目标。

三、审美素质教育

马克思在《1844 年经济学哲学手稿》中用大量的篇幅阐述了他的美学思想，他认为人对美好事物的追求促进了社会的进步。蔡元培曾说："美育者，应用美学理论于教育，以陶冶感情为目的者也。"② 美育也称"审美教育"，它的主要目的是通过特定的教学方法，提高个人的感知能力、想象力，并丰富个人情感，开拓个人精神世界，促进个人创新思维，为个人打造一个全面发展、有非凡品质的个性化人格。通过对人们的审美情操和内在修养的培养，不仅可以提高他们的审美素养，还能够在潜移默化中影响他们的情感、气质和心境，从而激励他们的精神，温暖他们的内心。

依据《国务院办公厅关于全面加强和改进学校美育工作的意见》，学校应该对美育工作进行全面强化和改进。在这个过程中，我们需要重视社会主义核心价值观的教育与实践，并将中华优秀传统文化作为我们发扬光大的重要基础。通过吸取人类文明的佳作，指导学生正确认识审美观点，陶冶高尚的道德情操，培养

① 高长武．人民日报：把握发展中国特色社会主义文化的基本要求[EB/OL].(2018-06-10)[2023-03-16].http://opinion.people.com.cn/n1/2018/0610/c1003-30047826.html.

② 蔡元培．精神与人格：蔡元培美学文选[M].合肥：安徽文艺出版社，2015.

强烈的民族情感，激励学生的创造力和创新意识，拓宽学生的视野和胸怀，培育全面发展的社会主义建设者和接班人。

大学生的审美素质教育旨在培养其感知和欣赏美的能力，进而影响其心灵和行为。通过介绍和探讨自然美、社会美、艺术美等美学范畴，帮助大学生深入思考美的实质和表现形式，从而认识到在展现完美形象方面，个人的气质、性格、修养以及行为举止等方面同样具有重要的体现作用。借助美育教育的力量，学生可以获得更深入的美感体验和感知，提高他们的审美素养，激发他们追求更高人生抱负的激情。同时，也有助于学生的健康成长。此外，它还能够激发学生对艺术的兴趣，引导他们积极地参与审美实践。审美教育可以通过美好的感染、影响和凝聚力，让大学生感受到美的愉悦，同时提升他们的情商水平，培养出健康、独特的创新能力。最后，这种教育也可以帮助他们树立正确的人生观、价值观和世界观。

所有教育领域都已经融入审美教育。根据《国务院办公厅关于全面加强和改进学校美育工作的意见》，美育课程设计应该聚焦于艺术课程的核心要素，同时将其他学科的知识融入进来，同时还要注重打好基础知识的基础。同时，课程设计还应更加综合全面，强化实践环节。美育课程的主要目标是在培养学生审美和人文素养的基础上，强调创新能力的培养，并且科学合理地制定课程目标。高校可以增加选修课程的涵盖范围，将艺术、文学、建筑、摄影、电影、舞蹈、书法、园艺、雕塑等领域纳入考虑，以期提升学生的审美素养。大学可以采用多种方法促进学生的审美实践，如组织演讲、引入艺术作品到校园中、举办文化节等活动，以此来提高学生的艺术修养和审美水平。鼓励学生积极参加各种文艺团体开展的主题实践活动，并聘请专业教师作为指导老师，以最大程度地吸引学生参与其中，充分发挥文艺团体在提高学生审美素质方面的积极作用。

四、心理素质教育

根据《关于进一步加强和改进大学生心理健康教育的意见》，大力推进大学生心理健康教育是贯彻落实党的教育方针、促进素质教育的重要措施。这个任务的重要性在于促进大学生健康成长，培养具备高素质和合格的人才，以及加强和改进大学生思想政治教育。高校应该向大学生传递心理健康知识，让他们了解拥有健康的心理状态对于成长和发展的重要性。通过为大学生提供相关的方法和途径，可以帮助他们提升心理健康，建立良好的心理素养和自我认知，并培养出具备自尊、自爱、自律和自强等优秀品质的能力。同时，这也可以有效地激发潜在的心理能力，促进创新性思维的发展。以科学的态度分析心理现象，帮助大学生识别常见心理问题的主要原因和表现，并加以了解和控制。需要分享一些心理调适技巧，以协助大学生应对挑战和逆境，增强他们的生命观和集体意识，同时培养自我肯定和善待他人的态度。

大学阶段是一个人的生理和心理都迅速发展的阶段，由于生活环境、学习特点、人际关系等因素的改变，导致大学生中出现心理障碍等问题的人数不断上升，严重影响了学生的健康发展。大学生的心理健康是指精神正常、活动正常、心理素质好，突出表现在社交、生产、生活上能与其他人保持较好的沟通或配合。心理学家将心理健康的标准描述为以下 10 点。

①有适度的安全感，有自尊心，对自我的成就有价值感。

②适度的自我批评，不过分夸耀自己也不过分苛责自己。

③在日常生活中，具有适度的主动性，不为环境所左右。

④理智、现实、客观、与现实有良好的接触、能容忍生活中的挫折、打击，无过度的幻想。

⑤适度地接受个人的需要，并具有满足此种需要的能力。

⑥有自知之明，了解自己的动机和目的，能对自己的能力作客观的估计。

⑦能保持人格的完整与和谐，个人的价值观能适应社会的标准，对自己的工作能集中注意力。

⑧有切合实际的生活目标。

⑨具有从经验中学习的能力，能因适应环境的需要而改变自己。

⑩有良好的人际关系，有爱人和被爱的能力。在不违背社会标准的前提下，能保持自己的个性，既不过分阿谀，又不过分寻求社会赞许，有个人独立的意见，心中有判断是非的标准。

在大学生心理素质教育方面、高校要开设心理健康教育课程，加大心理健康知识的普及教育力度；要开展心理健康宣传教育，举办心理健康知识讲座，引导大学生保持健康向上的心理状态；要做好心理危机干预，开展心理素质普查，有针对性地帮助大学生解决学习成才、择业交友、健康生活等方面的具体问题；要多途径开展心理咨询（如个别咨询、团体咨询、电话咨询、网络咨询、书信咨询等），对学生进行心理辅导和问题疏导，帮助大学生化解心理压力、克服心理障碍。

以大学生网络成瘾的问题为例，高校和教育工作者应当帮助大学生规范和约束网络行为与习惯，引导大学生正确认识网络，恰当使用网络，学会在网络上鉴别良莠，增强心理防范和趋利避害的自觉性，使其在网络中不会出现心理障碍，能保持良好的心理状态。再如大学生择业的心理问题，高校和教育工作者要引导大学生正确认识社会现实，客观对待就业竞争，主动了解就业政策法规、了解用人单位的情况、了解当前的经济形势和人才需求情况、了解用人单位对人才的要求、了解当前的就业形势，处理好理想与现实的矛盾、人生价值与艰苦创业的矛盾、“鸡头”与“凤尾”的矛盾、所学专业与未来工作的矛盾，正确认识能力与职业的关系，做到先就业再择业，排除心理困扰，缓解心理压力，尽快实现角色转换，顺利走上工作岗位。

第三节　大学生人文素质教育的方法途径

随着社会的发展和科技的进步，行业企业对人才质量的要求越来越高。高校要认真分析大学生人文素质教育的现状，采取切实可行的措施，大力加强和改进学生人文素质教育，提升学生的人文精神境界、培养学生的创新精神、实践能力和社会责任感、健全学生的人格，丰富学生的情感，把学生培养造就为德智体美劳全面发展的高素质人才。

一、提高人文素质教育思想认识

加强大学生人文素质教育，必须更新教育理念、转变思想观念，围绕“培养什么样的人，怎样培养人”这一核心问题展开，注重人的全面发展，针对以往普遍存在的重知识轻能力、重科技轻人文的问题，在教育模式上实现由专业知识型教育向素质教育的转化，在思想认识上实现由人文素质教育边缘化向师生达成共识并积极参与。

要注重对青年学生进行情感、意志、兴趣、理想、信仰等人文素质的教育，培养学生团结协作的心理品质，增强学会理解、学会关心、学会共处、学会交往的能力，促使学生“尚学尚能，成人成才”。要转变以做事为中心的教育思想，树立立德树人、知行合一相结合的教育观念，科技与人文并重、培养德智体美劳全面发展的高素质技术技能人才。

要坚持全面发展与个性发展相结合，把人的全面发展和个性化成长作为人文素质教育的根本目标，注重遵循学生身心发展规律，挖掘学生潜在的个性特质，培养学生的创新精神和独立人格，使学生共同享有人生出彩的机会。

要将大学生的人文素质教育融入日常教学活动中，将课堂教育和课外教育相结合，使课堂教学成为主要场所。另外，我们需要认识到校园文化和社会实践活动对于大学生人文素质教育的辅助作用非常重要，因此我们需要不断寻找新的渠道和方式来扩展人文素质教育的范围。

为了实现全面的人文教育，我们需要在教学和校园环境中实现有机融合。这意味着在传授和学习人文素质教育的理论时，也重要关注打造一个富有人文氛围的校园环境。校园环境的设施应该是能够培养和熏陶学生的重要因素。因此需要规划校园建设、丰富文化活动、营造浓厚文化气氛等。

二、完善人文素质教育课程体系

人文素质教育课程要全面体现人文素质教育的精神，奠定人文基础，普及人文知识，培养人文爱好，把马克思主义中国化的最新理论成果、中国特色社会主义理论体系和中国梦的基本内容、社会主义核心价值观的基本要求融入教育教学全过程，培养具有一定的人文社会科学知识、较高的人文修养、强烈的民族文化精神、高尚的道德情操、较强的理论思维能力、创造能力和审美能力的大学生，使他们牢固树立中国特色社会主义共同理想，树立正确的世界观、人生观和价值观，成长为具有社会责任感、创新精神和实践能力的高素质技术技能型人才、承担起建设中国特色社会主义宏伟大业的重任。

笔者认为，高校人文素质教育课程体系可以由显性课程体系和隐性课程体系两部分构成。

（一）显性课程体系

显性课程是指纳入各专业人才培养方案和教学计划的课程，在课程设置上可按学科进行适当分类，以方便学生选修。以下是笔者结合建设类院校实际拟定的显性课程体系。

1. 语言文学类

大学语文、大学英语、演讲与口才、普通话训练、常见应用文写作、建筑应用文写作、重在培养大学生的语言表达能力和文字写作能力等。

2. 历史文化类

中国文化概论、世界文化概论、中外建筑文化、中国简史、世界简史、中国共产党党史、湖湘文化概论、民俗与民居和鲁班文化等，重在培养大学生的社会责任感和爱国主义情操。

3. 教育心理类

心理健康教育、社会心理学、教育心理学、职业生涯规划、就业指导、创新创业教育、社交礼仪、生活与哲学、逻辑学、伦理学，重在培养大学生良好的心理素质与职业发展能力等。

4. 经济管理类

市场经济学、市场营销学、国际经济贸易、管理学概论、现代企业管理、人力资源管理，重在培养大学生的经济常识和管理能力等。

5. 艺术审美类

中外建筑欣赏、影视艺术欣赏、中外文学名著欣赏、诗词欣赏、戏剧欣赏、书法欣赏、音乐欣赏、绘画欣赏，重在培养大学生的审美素质和鉴赏能力等。

6. 政治法律类

马克思主义基本原理概论、毛泽东思想和中国特色社会主义理论体系概论、思想道德修养与法律基础、形势与政策、世界政治与经济，重在培养大学生用马克思主义的观点和方法分析、解决问题的能力等。

以上课程要根据需要设置为必修课或选修课，并可结合专业不同而有所区别，如建筑艺术类专业可将艺术审美类课程设置为专业限选课程，工程管理类专业可将经济管理类课程设置为专业限选课程。

除开设人文素质教育类课程外，高校要深入挖掘专业课程和实践课程中含的丰富的人文精神和科学精神，专业课教师在讲授专业课时要自觉地将人文精神和科学精神的培养贯穿于专业教育始终，充分挖掘和发挥专业课对青年学生人文素质养成的潜移默化的作用。同时，也要把人文素质教育的有关内容渗透到专业课程教学的全过程中，促使大学生在学好专业课的同时也能提高自身的人文素质。

（二）隐性课程体系

隐性课程是指课外教育教学与实践教学的课程，主要包括社会实践活动、人文学术讲座和校园文化活动等。

1．社会实践活动

高校为提升学生的人文素质，推行多种社会实践活动是非常有效的方式之一。这些活动包含科技、文化、卫生等领域的“三下乡”行动、社会调查、科技服务等活动形式。社会实践是不可或缺的，以加强大学生的人文素质教育。因此，我们应该认真对待学生的社会实践活动，包括参观校内外的人文景点和历史博物馆。另外，我们还可以开展社会调查和访谈活动，鼓励学生参与社会服务工作，提高学生的素养和水平。

2．人文学术讲座

定期或不定期举办人文讲座，可以涉及自然科学、工程技术、经济管理、文学艺术等方面，如中国传统文化讲座、中国现代文化讲座、西方思想文化讲座、文化素养与科学精神讲座、伦理道德知识讲座、影视与文学作品赏析讲座、人文与社会讲座、心理健康讲座等。这些学术讲座可以拓展学生的视野、激发学生的情感、加深学生的思想深度，给学生以多层次、多方面、多角度的思想文化熏陶。

3．校园文化活动

在学生成长阶段，学校所倡导的文化会在潜意识中起到影响作用。因此，高校应积极尝试引入卓越企业的文化，通过进一步推进校企合作，促进双方互利合作，共同进步。高校可以策划各种不同形式的校园文化活动，使得学生在参与其中时能够接受到人文素养方面的教育，在实践中培养情操、造就更加完善的人格。学校教育的有效性受到校园自然和人文环境建设的重大影响，应充分利用这些环境的积极作用。使学校具备成为中国特色社会主义先进文化的重要基地、示范区。

三、实施中华优秀传统文化教育

文化是构成一个民族不可分割的重要组成部分，是人们精神上的家园所在。文化自信对于增强国家的根本力量具有更为重要、更加深远且持久的影响。弘扬中华优秀传统文化是建设社会主义文化强国、提高国家文化软实力的至关重要的一环。

强调中华优秀传统文化教育，符合教育部《完善中华优秀传统文化教育指导纲要》的要求。这也是推进中国特色社会主义教育和中国梦宣传教育的重要策略之一。此外，可以建立起传承中华优秀传统文化的体系，并推动文化的传承与创新。我们应该把培养学生的道德品质放在最重要的位置，并汇集全国人民的力量，同时秉承团结、和平、勤劳、自强的民族精神。我们应加强大、中、小学中华优秀传统文化的教育一体化，帮助青少年学生全面成长，培养自信、具备爱国主义精神的社会主义建设者和接班人。

《关于实施中华优秀传统文化传承发展工程的意见》已经由中共中央办公厅和国务院办公厅共同发布，其目的是培养具备高尚品德的人才。考虑到学生的学习成长规律，我们应该在思想道德教育、文化知识教育、艺术体育教育以及社会实践教育的各个领域贯穿中华优秀传统文化。促进高校将中华优秀传统文化教育融入哲学、社会科学及相关专业的课程，以促进其传承和传播。我们提出了中华经典诵读计划，推广中华文化公共课，并积极策划传统文化教育成果展示活动。

中华优秀传统文化内容极为丰富，其对改善大学生的知识结构，全面提高大学生的思想道德素质和科学文化素质具有十分重要的作用，因此，进行中华优秀传统文化教育，是提高大学生人文素质的有效途径之一。

（一）培育大学生自强不息的进取精神

《易经·乾卦·象传》曰："天行健，君子以自强不息"[①]，古人从四季推移与日月星辰运行等自然现象中悟出了自强不息、刚健有为的人文精神，这种精神在数千年华夏文明史上一直是最重要的、居于主流地位的文化精神。所谓"自强不息"，就是自我发愤图强、永不停息，对培养我们民族不屈不挠的进取精神产生过并将继续产生积极的影响。在市场经济条件下，各行各业竞争日益激烈，面对

① 姬昌．周易[M]．长沙：岳麓书社，2000．

竞争局面，我们应当树立知难而进的进取意识，在竞争中开创新局面，推进自己的事业。当代大学生要树立自强不息、刚健有为的人生观积极主动培养自己的竞争意识和奋斗精神，全面提高自身综合素质将来成为社会的有用之才。

（二）培育大学生矢志不渝的爱国情怀

爱国主义是中华优秀传统文化中的一个特别突出的主题，是“天下兴亡，匹夫有责”,[①] 更是“苟利国家生死以，岂因祸福避趋之”[②] 等强烈的社会责任感的深化与升华。通过学习中华优秀传统文化中的爱国精神，可以激励当代大学生以历代爱国英雄为榜样，继承爱国主义传统，明确自己肩负的历史责任，刻苦学习先进的科学文化知识，用自己的聪明才智报效祖国，为祖国的繁荣富强贡献自己的力量。

（三）培育大学生天人合一的和谐意识

华夏祖先在上古时代农耕经济背景下形成顺应自然、与自然和谐相处的天人观，最早是由庄子阐述，后被汉代儒家思想家董仲舒发展为天人合一的哲学思想体系，并由此构建了中华传统文化的主体。北宋时张载正式提出“天人合一”命题，传统文化天人合一思想，强调人与自然的统一，强调人的行为与自然规律的协调。大学生应从传统文化中汲取“天人合一”思想，正确处理人与自然的关系，应清醒地认识到如果凭借人的贪欲膨胀而肆意掠夺与破坏自然资源，那就是涸泽而渔、杀鸡取卵。同时，在日常生活中大学生要牢固树立环保意识，自觉维护生态平衡，保护野生动植物，绿化环境，防治环境污染，从而促进人与自然的和谐，保证社会经济的全面协调可持续发展。

（四）培育大学生“不为物役”的人文精神

中华优秀传统文化主张“不以物使”“不为物役”。[③]“物”被儒家表述为“利”，与“利”相对的是“义”。儒家肯定人对“利”的合理追求，但如果“利”与“义”形成对峙，就应该舍“利”而取“义”。儒家强调“利”的追求必须接受“义”的制约，相对于“义”，“利”始终处于从属地位。大学生要汲取传统文化“不为

① 顾炎武．日知录[M]．武汉：崇文书局，2020．

② 来新夏．林则徐全集：第5册　文录卷[M]．福州：海峡文艺出版社，2002．

③ 管仲．管子[M]．北京：北京燕山出版社，1995．

物役”的人文精神，树立正确的财富观和高尚的人生观，不做金钱的奴隶，避免滑入拜金主义的泥潭。

四、借助新媒体创新人文素质教育

在新媒体的影响下，人们学习、生活、工作的方式发生了改变，大学生作为新媒体使用的主要群体，其生活、学习等均受到新媒体的影响，高校要积极借助新媒体，创新大学生人文素质教育。

新媒体的开放性为大学生人文素质工作提供平台，高校开展大学生人文素质教育工作可以与新媒体的优势进行融合，打破工作中的烦琐程序，为大学生人文素质教育工作提供广阔的发展平台。新媒体的便捷性促进大学生人文素质教育工作的优化，新媒体的便捷性使教师能够将信息及时传递给学生并且使教学内容更加丰富、教学形式更加多样，从根本上改变传统教学方式在时间与空间上的局限性。新媒体的灵活性丰富了大学生人文素质教育工作的教学方法，传统教学模式以课堂教学为主，在新媒体时代，利用移动社交平台等媒介的灵活性，丰富大学生人文素质教育的方法，从根本上提高教育信息的传播质量与传播效率。

高校要充分利用新媒体技术，促使大学生在学好专业知识和实践技能的同时，能够受到科学精神的启迪和人文精神的熏陶。要充分利用社交媒体软件等新型即时通信方式，构筑迅捷性信息平台体系，建立和运行手机发布平台、邮件群发平台等信息平台体系。要建立有质量、有层次、有特色的人文素质教育专题网站与主题网页，构建网络人文素质教育资源，并借助网络平台开展时事讨论、知识竞赛等主题活动。

五、发挥图书馆人文素质教育功能

图书馆作为高校育人的重要窗口，具有课堂教学无法替代的文献资源优势、人文环境优势、设施设备优势、人文服务优势、人才队伍优势，要充分利用馆藏优势，紧紧围绕人文素质教育有目的、有计划地开展各项工作，为培养高素质人才创造条件。

（一）优化馆藏文献资源

图书馆的藏书是支撑其所有工作的基础。不过，很多大学存在一些偏见，主张过于强调专业课程、理工科和忽视人文科学、忽略个人素养等，导致馆藏文献资源的结构过于倾向于满足专业教学和科研的需求，却不太关注收集人文社会科学类文献资料。这种不适应当前大学生人文素质教育需求的局面必须得到优化和调整。高等院校的图书馆，除了致力于收集与教学、科研相关的专业文献之外，也重视在哲学、文学、艺术、历史、伦理、美学等领域的文献补充和加强。因此，图书馆会选购一些关于历史、民族文化教育、价值观和道德观等方面的书籍和文献，以满足专业教学和科学研究的需求，并促进大学生的全面发展。

（二）开展特色读书活动

促进大学生人文素质教育的主要方法之一是进行读书活动，这需要积极倡导学生与书籍建立友谊并与文化大师对话，使他们养成阅读习惯，不断提高阅读水平，以达到让校园书香四溢的目的。要促使学生通过读书既掌握专业知识，又学习掌握政治、经济、法律、现代科学和信息技术、管理等知识，通过对这些知识的学习，以宽广的眼界认识世界，把握时代脉搏、认清面临的机遇与挑战、在学习中学会做人、学会做事、学会求知、学会发展。开展好书推荐活动，利用校报、校园网、展板、广播、电视台等媒体向师生推荐好书、好文章。举办励志读书节、党史进校园、中华经典诵读活动、诗词竞猜、百科知识竞答等形式多样的读书活动，让学生与书籍亲密接触，养成爱读书、读好书的习惯，把读书当成一种享受，通过读书使自己的人生境界不断得到提升，营造浓厚的学习氛围。

（三）提供多种多样的服务

高校图书馆应积极参与学校各种活动，如邀请在人文社会科学领域有建树的专家学者来图书馆主持经典系列专题讲座，以此鼓励大学生热情阅读、深入思考和勇于探索。另外，我们还可以建立学生组织，如读者俱乐部、书友协会等，以推广各种读书活动为目的。这些组织可以组织读书节、名著阅读周、经典阅读月以及特定主题活动等，以吸引更多的大学生积极参与阅读，使其成为他们日常生活的重要组成部分。

六、编写大学生人文素质教育读本

通过检索可知，目前高校使用的人文素质教育读本有近二十本，大多是高校自主编写的校本教材，举例如下：张从信、姚成元、李浪安主编《人文素质教育读本：名篇导读》(云南大学出版社 2003 年)；石令明主编《人文素养读本》(中国农业科学技术出版社 2005 年)；张俊相主编《高职大学生人文素质教育读本》(中国矿业大学出版社 2008 年)；丰坤武主编《人文素质教育读本》(南京大学出版社 2009 年；屈哨兵主编《科学与人文读本》(华南理工大学出版社 2009 年)；易建勇、冯建华合著《人文素养读本》(湘潭大学出版社 2009 年)；邵世敏主编《人文素质教育读本》(北京师范大学出版社 2010 年)；吴志樵主编《人文素质教育读本》(辽海出版社 2011 年)；陈盛媛主编《人文素养教育读本》(中国劳动社会保障出版社 2013 年)；王学礼主编《大学生人文素质教育读本》(清华大学出版社 2014 年)；德铁婴、张普安主编《大学人文教育读本》(中国人民大学出版社 2011 年)。

这些自编的校本教材，紧密结合了本校或本行业人文素质教育的实际，有一定的科学性和针对性。由于相对比较缺乏系统设计，导致各类读本（教材）在质量上特别是在内容设计方面参差不齐。

笔者建议：教育部高等学校文化素质教育指导委员会和职业院校文化素质教育指导委员会要组织各方力量编写适合大学生人文素质教育实际需要的《大学生人文素质教育读本》。在人文素质教育读本的内容方面，可以分“人文知识”“人文思想”“人文方法”和“人文精神”四个篇章，尽量做到图文并茂、简洁生动，既增强可读性，又增强启迪性。

七、抓实人文素质教育考核评价

人文素质教育评价是实施大学生人文素质教育的主要环节，有利于进一步加强大学生人文知识教育，规范校园人文环境建设，完善学生团体和社会实践活动，提高学生的人文素养和学校的人文底蕴，有利于学生知识、素质、能力的全面协调发展。

借鉴诸多学者对大学生人文素质教育评价的探讨，笔者认为，大学生人文素质教育评价应从以下三个方面进行。

（一）人文素质教育条件的评价

1. 人文素质教育规划

学校在总体规划中是否有明确的人文素质教育目标和措施，是否制订有相关大学生人文素质教育的工作计划。

2. 人文素质教育机构

学校是否建立和完善了以校领导及行政系统为主实施的人文素质教育管理制度，机构的设置是否合理，是否能有效开展工作。

3. 人文素质教育队伍

学校是否将人文素质教育师资队伍建设纳入学校师资队伍建设总体规划，且有相应的政策措施；是否建立了一支专兼结合、功能互补、业务精湛的人文素质教育队伍。

4. 人文素质教育制度

学校是否制定了科学、全面、规范的反映高职教育特色的人文素质教育制度。

5. 人文素质教育经费

学校是否合理确定并保证了人文素质教育方面的经费投入，为人文素质教育提供了必要的场所和设备。

（二）人文素质教育过程的评价

1. 课程建设

课程门类齐全，必修课、选修课设置合理，每学期都开设有人文素质类课程、有体现高职教育的特色课程。

2. 校内活动

人文素质教育第二课堂有学期和学年计划，并能按计划组织实施；学生人文社团数量多、覆盖面广，学校定期举办校园文体活动，形式多样、参与面广。

（三）人文素质教育的效果评价

1. 校园环境

校园绿化，有“两型”校园建设规划，学校是省级园林式单位和文明卫生单位，因此学校人文景观建设体现行业文化、地方文化和学校文化。

2. 学生成果

选修人文素质课程的积极性高、到课率高；学生掌握了一定的人文知识，了解本行业或专业领域的文化背景；学生具有很强的社会责任感，热爱祖国，热爱人民，有正确的世界观、人生观、价值观；法治观念强；创新精神和实践能力强，文化素质高，审美能力、社交能力、心理承受能力强；具有良好的职业道德修养和职业价值观，具有进取精神，工作责任感强。

3. 社会影响

80% 以上的用人单位反映毕业生适应能力强、社交能力强、吃苦耐劳、工作勤奋、踏实肯干；80% 以上的毕业生及家长反映学校人文素质教育活动对学生的成人成才有明显的帮助；毕业生就业率达 90% 以上。①

八、发挥人文素质教育研究机构作用

（一）教育部高等学校文化素质教育指导委员会

1998 年 10 月 24 日，教育部高等学校文化素质教育指导委员会组建，由全国高等学校的专家和教授构成。它遵循教育部的指引，致力于为高等学校的文化素质教育工作提供研究、咨询、指导和服务等方面的支持。

高等学校文化素质教育指导委员会的任务包括但不限于以下方面：促进高等教育机构的文化素质教育活动，向教育部提供相关政策、规划、措施的建议，制定大学生文化素质教育的基本要求和评估方法，并指导国家文化素质教育基地的建设。负责领导和推动高等学府文化素质教育课程、教材以及教学改革的规划和实施。我们在高等教育机构中积极倡导信息共享、经验交流和研究成果的推广，以支持文化素质教育和教学改革。

全国范围内有近百所高校建立了大学生文化素质教育基地，这些基地符合《国家大学生文化素质教育基地建设的实施意见》的标准。这些基地还齐心协力创立了 45 门文化素质类国家级精品课程和 30 个国家级人才培养模式创新实验区。这些措施促进了高校教育教学的革新，从而提高了人才培养水平。大学生文

① 中华人民共和国教育部 .2020 年高校毕业生总体就业率超 90%[EB/OL]. (2021-02-27)[2023-03-19].http://www.moe.gov.cn/jyb_xwfb/s5147/202103/t20210301_515951.html.

化素质教育基地可以帮助大学生全面成长，培养德智体美劳全面素质，使其成为具备社会主义建设者和未来接班人的人才。

（二）教育部职业院校文化素质教育指导委员会

2012 年 12 月，职业院校文化素质教育指导委员会正式成立。该委员会受教育部领导的指导，致力于研究、咨询、指导和评估职业院校的文化素质教育工作。职业院校文化素质教育指导委员会的宗旨是帮助各职业院校制订和管理文化素质教育计划，促进教学工作的从根本上进行改善，提高职业院校的文化水平，培养高水平、高素质的人才，并增强教师和学生的文化修养。

职业院校文化素质教育指导委员会的主要任务有积极宣传加强文化素质教育教学和职业院校人才培养、学校建设以及推动社会主义物质文明和精神文明建设中的地位和作用；对全国职业院校文化素质教育教学中的重大理论和实践问题进行研究，为教育行政部门有关决策提供咨询意见和建议；组织职业院校文化素质教育教学工作的经验交流，审议职业院校文化素质教育教学研究计划和成果，依据教育部要求审查职业院校文化素质类专业、课程、指导和推动职业院校文化素质教育教学工作；参与制定并审议职业院校文化素质教育教学有关文件、研究制订职业院校文化素质教育教学的目标和要求，参与文化素质教育教学评价工作，促进文化素质教育教学质量的提升；研究和指导“职业院校文化素质教育教学基地”与“职业院校创业教育基地”工作；研究和指导职业院校文化素质教育教学教材：协助教育部做好职业院校文化素质教育教学的师资培训工作，促进职业院校的文化素质教育教学的师资队伍整体水平的提升。

（三）中国高等教育学会大学素质教育研究分会

2011 年 11 月 19 日，中国高等教育学会大学素质教育研究分会成立。该分会致力于推动大学素质教育领域的学术交流，是全国性专业组织。大学素质教育研究分会旨在聚集对高校素质教育充满热情和关注的教育家、管理者和学者，以核心问题为焦点，持续深入探究研究，推动高素质的创新型人才培养。分会积极吸收先进的教育理念，将中国的素质教育理念全面传播，为高等教育和国家建设做出贡献。主要职能是领导重大的素质教育理论和实践问题的研究，推动课题申报和交流成果等活动；计划创建一个沟通平台，旨在提高高等教育的素质水平。为大学的素质教育师资和管理人员提供专业培训，同时还会组织年度会议和专题论坛等活动，以满足他们的需求；进行素质教育的相关理念比较研究，并与其他国家和地区的同行交流沟通，以促进国际素质教育的交流与合作；研究组织实施素质教育的内在规律及其与外部环境的相互作用，深入研究文化、思想道德、业务和身心素质之间的相互关系，并探讨高校、中小学和社会教育之间的素质教育的关系；探讨如何促进通识教育的进步，其中包括建立完善的教学体系、改良教学方式与方法，以及推动教材的发展等方面；积极与国内外相关的学术期刊合作，合作对象包括一些出色的教育研究期刊，旨在共建“大学素质教育”专栏和专刊；在具备条件的情况下，考虑创办大学素质教育刊物，创建一家致力于提供素质教育信息和服务的在线大学素质教育平台，以满足会员的需求。

（四）中国职业技术教育学会人文素质教育研究会

人文素质教育研究会的宗旨是：全面贯彻党的教育方针，坚持立德树人，以人文素质为路径培育和践行社会主义核心价值观；团结、组织全国热心从事职业院校人文素质教育研究与交流的团体和工作者，开展工作研究和学术交流，为促进学生的健康成长和提高职业院校人文素质教育水平服务。

人文素质教育研究会的主要职责有：搭建网络平台，为会员单位提供人文素质教育工作信息和相关政策咨询服务；开展院校间人文素质教育工作经验交流，征集和分享典型案例，举办人文素质教育竞赛、成果展示等活动；开展职业院校人文素质教育理论和实践研究，以及国际比较研究；开展人文素质教育课程体系建设与教材资源开发工作、研发人文素质测试标准；开展人文素质教育培训、咨询和其他服务活动。

第四章　大学生创新创业素质教育

中华华人民共和国教育部于2010年5月4日发布了《关于大力推进高等学校创新创业教育和大学生自主创业工作的意见》，国务院办公厅于2015年5月发布了《关于深化高等学校创新创业教育改革的实施意见》，这两个文件都强调在如今的高等教育中，创新创业教育占据着十分重要的位置。文章主要介绍大学生创新创业素质教育，主要从四个方面进行了阐述，分别是创新创业素质教育内涵、大学生创新素质教育、大学生创业素质教育和大学生创新创业素质教育实践。

第一节　创新创业素质教育内涵

《教育部关于大力推进高等学校创新创业教育和大学生自主创业工作的意见》明确强调这样的观点："创新创业教育是适应经济社会和国家发展战略需要而产生的一种教学理念与模式。在高等学校中大力推进创新创业教育，对于促进高等教育科学发展，深化教育教学改革，提高人才培养质量具有重大的现实意义和长远的战略意义。创新创业教育要面向全体学生，融入人才培养全过程。要在专业教育基础上，以转变教育思想、更新教育观念为先导，以提升学生的社会责任感、创新精神、创业意识和创业能力为核心，以改革人才培养模式和课程体系为重点，大力推进高等学校创新创业教育工作，不断提高人才培养质量。"①

创新教育的主要目的是启发学生的创造力和创新能力，并将其视为主要的教育价值导向。此计划的主要目标之一是在确保九年义务教育全面覆盖的基础上，全面推行素质教育，着重培养学生在基础教育领域内具备面向知识经济时代需求的创新意识、创造精神和创新能力。大学生创新素质教育是以专业知识的传授为

① 中华人民共和国教育部．教育部关于大力推进高等学校创新创业教育和大学生自主创业工作的意见[EB/OL].(2010—05—13)[2023—03—20].http://www.moe.gov.cn/srcsite/A08/s5672/201005/t20100513_120174.html.

基础，正确指导学生学习和研究创新的规律及创新的方法，使学生养成刻苦钻研的精神和思考问题的方法，培养学生要具有创新思维、创新精神和创新能力等创新素质，同时使学生在德、智、体、美、劳等方面的素质得到全面发展，使我国培养出来的学生都是高素质的创新型人才。

创业教育就是培养学生具备创业意识、创业精神和创业能力的教育。简言之，就是以培养能创造就业岗位的人为价值取向的一种教育。而大学生创业教育是指在学校教育中，通过课堂教学和实践活动以培养学生的创业素质为基本价值取向的教育。

按照《国务院关于进一步做好新形势下就业创业工作的意见》《国务院办公厅关于深化高等学校创新创业教育改革的实施意见》等文件的规定，对高校毕业生自主创业在各个方面给予优惠政策，包括以下内容。

①在税收方面，简化大学生创业流程，对高校毕业生创办的小型微利企业，按国家规定享受相关税收支持政策。

②对符合条件的高校毕业生自主创业的，可在创业地按规定申请创业担保贷款和贴息支持。

③对毕业两年以内的普通高校毕业生从事个体经营（除国家限制的行业外）的，自其在工商部门首次注册登记之日起 3 年内，免收管理类、登记类和证照类等有关行政事业性收费。

④对高校毕业生在毕业学年（即从毕业前 1 年 7 月 1 日起的 12 个月）内参加创业培训的，根据其获得创业培训合格证书或就业、创业情况，按规定给予培训补贴。

⑤对有创业意愿的高校毕业生，可免费获得各项创业服务。

⑥取消高校毕业生落户限制等。

在 2015 年 5 月 4 日，国务院办公厅发布《关于深化高等学校创新创业教育改革的实施意见》（以下简称《实施意见》），该《实施意见》目的是全方位促进高校创新创业教育改革。根据《实施意见》，高校创新创业教育改革是促进高等教育改革的重大措施之一，并且高校紧迫需要做出这个改革，以便国家能够落实创新驱动发展战略和加速经济的升级。这一改革倡议有助于提高高校毕业生的就业和创业能力，提升毕业生质量。为了增加更多实践能力强、创新思维敏锐的创业人才，不同地区的高校需要适应新的经济发展形势，重视立德树人这一核心任务，将推进素质教育作为主线，将提高人才培养质量作为重要任务，并在完善条件和政策保障方面加强努力，推动高等教育、科技、经济和社会的有机融合。

第二节 大学生创新素质教育

大学生的创新教育、创新能力的开发已经直接关系一个国家的发展和实力。各国对创新教育、创新能力的开发越来越关注。

创新素质教育有广义和狭义两种。广义是人们在各自领域，以同样的质和量的水平，产生新东西（包括新思想、新观念）的活动方式的能力的培养；而狭义则是产生前所未有的新东西的活动方式的能力培养。狭义和广义中，“新”是创新的基本特征。基于“新”，一些国家构建的创新素质教育目标是培养既有现代知识又有创新能力、品德高尚、体魄健美、身心发展良好的现代化的新人，即善于适应变化和创新的新人。

由此可见，所谓创新素质教育就是引导学生学习与研究发明创新的规律和创新方法，培养学生具有创新精神、创新思维、创新能力和创新人格，德、智、体、美、劳等素质全面发展，使之成为高素质创造型人才的教育活动。简言之，所谓创新素质教育就是全面培养与提高学生创新素质，使之成为高素质创造型人才的教育活动。

一、大学生创新精神培养

（一）创新精神的内涵

一般而言，创新是一种行动，它建立在目前已有的思维基础之上，旨在发掘与常规思考方式不同的想法，利用之前获得的知识和资源，在特定的情境和背景下解决问题或满足社会需求，从而创造出对人们有益的新产品、方法、元素、途径，或为人提供环境等方面的改变、提升或开拓。“创新精神”是涉及创造性、创新性思维和态度的概念，其范围包括理性推理和科学思维等领域，它强调在遵守现实规律和客观规律的前提下，积极开拓新局面，放弃陈旧的思想和事物，持续创新。具体来讲，拥有创新精神意味着能够将已经存在的知识、信息、技能和方法整合在一起，创造出全新的观点和方法。此外，创新精神还要求人们具备挑战创新、积极改善、敢于冒险和深刻理解的素质和态度。

（二）创新精神的特征

1. 超越性

创新精神鼓励创新主体超越历史和现实的束缚，超越前人的成果，不断进行探索和突破，进行创造行为。也就是要创新主体不满足现有的知识，不断学习进步，超越自我；不满足已有的方法和技能，不断探索，发现新方法、掌握新本领；不满足现有的条件和环境，自觉进行改造，超越现实；不满足已经取得的成就，追求卓越，超越梦想。超越性是创新精神的显著特征，是创新作为发展的本质，实现发展进步的内核和灵魂。

2. 批判性

创新精神提倡革旧立新，对原有事物进行创造性的扬弃，这种扬弃就是创新精神对旧事物的批判，唯有对现实和历史、自我和他人的合理批判，才能形成对现实和自我的正确认识，发现新问题，探索新方法，实现新发展，最终实现个人和社会的发展进步。批判性和超越性两者共同作为创新精神的显著特征，是创新活动区别于其他活动的本质所在。

3. 自觉性

创新精神是创新行为主体内在地对创新的欲望和渴求，是自觉改变已有环境和条件的意识状态。创新的过程是在个体内在的创新精神诱发和激励下，创新主体采取创新行为，将创新能力外化为创新实践，实现创新成果的过程，是创新主体在内力驱动下自觉进行的有价值的行为。所以说创新精神具有自觉性。

4. 综合性

创新精神不是单一的某种创新因素，而是多个因素的集合，是一个完整的结构。综合性反映了创新精神内涵的丰富性和内部各要素构成的多重性，而且创新精神的多个构成要素之间是具有密切相关性的，它们相互依存、相互影响、相互制约，在相辅相成的关系中统一于一个整体。

（三）培养大学生创新精神的途径

1. 倡导批判精神

中国虽然重视教育，但与突出自由和竞争的西方教育相比，培养出来的学生在创造力上总的来说却不如西方。要倡导这种批判精神，就要有一个民主、开放的教学环境，对教师来讲，不仅要学识渊博，而且要能及时掌握本学科专业的最新技术和知识，通过新知识的灌输，达到对前技术的批判。在教学过程中，要鼓励学生大胆质疑。

2. 营造良好的创新环境

通常情况下，人的思维和行为会受到周围环境的影响，因此创新意识的培养也必须在有利于创新的环境中进行。营造一个宽容而自由的环境，能够促进畅所欲言，使得学生通过交流与对话的交融，引发启示和创新的冲击，不断追求创新的目标。创造一个促进学生跨专业、跨背景交流合作的环境，能够让学生自由地分享和协作。我们应该鼓励师生一起合作研究，并为促进产学研融合提供实际操作场所，同时要创造一种环境，鼓励创新，唤起广大师生基于学校的自豪感。

3. 在教学中培养创新精神

在教学中，课程讲授以“启发式”为主，要引导学生主动探究，获得知识，应用知识，发展能力。通过探究学习，能打破各种定式思维的禁锢，产生奇思妙想，激活学生的创新意识。在教学中要让学生正确理解创新的内涵，要让学生知道创新并不是遥不可及的，要通过引入新的理念和方法，重新设计原材料配比并优化工艺流程，改善生产技术和工作条件，进而提高生产效率和产品质量，创造更加可观的经济收益。在设计考题时，相关教师需要考虑如何鼓励学生发挥其创造性，进一步增强他们的独立思考及行动能力，使他们能够运用自身的语言和思维表达自己的观点。这样的做法可以帮助学生成长为具有自主性和独立性的人。

加强实践教学，使学生在实践中培养创新精神。要积极深化实践教学内容与方法的改革，以学生为本，以能力培养为核心，创新实践教学模式。组织科技竞赛活动，开放实验室，设立创新实践学分。利用实践基地，有效构思鼓励创新思维发展的培训方式，推崇重视实践教学模式中的能力提升。只有创造出适宜的环境和条件，为学生营造实用性强的教学基地，才能真正培养出更符合未来社会发展和经济建设需要的学生，并激发他们的创新潜力，使他们具备合格的创新精神。

4．激发教师的创新精神

学校应该引入竞争机制和评估体系来激发学生的创新思维，同时要鼓励教师积极参与培训和提升他们的创新能力和意识。这样，教师就可以成为学生创新学习的榜样。要促进教师创造性思维的激活，倡导学科拓展和知识超越，提升教师的创新精神水平，注重引导学生自主思考和发展能力，以培养大学生的创新和实践素养为目标。

二、大学生创新思维培养

（一）创新思维概述

创新思维从本质上说是一种思维方式，甚至是人类思维的最高表现形式。从逻辑上讲，是思维主体运用已有的思维形式，组合新的思维形式的思维活动。从思维形式来看，是思维的各个组成部分之间的联系方式。由此笔者认为，创新思维是主体诸因素和客体条件相互作用、相互依赖的系统发生过程，是指创造者在最佳的心理构成和心理合力作用下，获取创新意识，把大脑中已有的知识信息，按最优化的科学思路，实现重新组合和升华的思维过程。

（二）创新思维的本质特征

创新思维本质上在于运用新颖独特的方式方法解决问题，是一种积极主动的思维活动，它具备以下本质特征。

1．突破创新性

这是创新思维的必要属性，没有突破性，就不算是创新思维。所谓突破，主要是指打破理论权威、现成的规律、方法及思维定式的束缚。创新性有两层含义，一是独创性，二是新颖性。创新过程是创新思维实现突破与创新的过程，是对传统思维方式的扬弃，以独特的视角和方法去思考问题和解决问题，实现新的发展，创造新的成果的过程。

2．开放性

思维的开放性是指多视角、全方位地看问题的思维。它体现一种创造性认知风格，要求信息在交流中无阻碍，又不引起情感芥蒂。思维的开放性是创新思维得以产生的前提条件。创新思维的实现是一个量变与质变辩证统一的过程，而创新思维的量的积累与质的突破过程都要求创新思维必须具有开放性。

3. 综合性

综合性是指创新思维是对已有成果的综合，是多种思维形态、思维方式、思维方法的综合运用。创新思维是作为微观的抽象思维与作为宏观的形象思维，在人的头脑中发生关联，迸发出富有创造性的灵感的过程，它是对比、想象、联想、直觉、顿悟等形式的综合运用。这是创新思维的重要属性。

4. 灵活可行性

由于创新思维在形成过程中具有灵活性，在创造活动中随意组合的新思维成果并不都具有认识的或实用的价值，所以可行性是对灵活性的限制。可行性对灵活性的限制条件来源于进行思维创造的人所处的社会历史条件即环境。可行性分为两种：一种是精神方面的可行性，称为“主观可行性”；另一种是物质方面的可行性，称为“客观可行性”。可行性对创新思维的要求需要根据各个不同学科、社会领域的具体要求来判断，可行性的满足是创造实现其价值的关键。可行性和灵活性是对创新思维的两种不同的要求。创新思维的灵活性增强，则可行性可能降低，反之则相反。不可因强调灵活性和新颖性而忽视可行性，那样会陷入无意义的思维组合之中；同时也不应因可行性而抹杀灵活性。

（三）创新思维的培养

1. 问题意识的培养

“问题意识”就是对“问题”的关注，是指人们在认识活动中经常意识到一些难以解决或疑惑的实际问题及理论问题，并产生一种怀疑、困惑、思考、探索的心理状态。问题意识是思维的动力，它促使人们去发现问题、解决问题，而发现问题是创新的起点和开端。培养大学生的创新思维能力，就应重视问题意识的培养。培养问题意识，要先学会“敢疑”和“善疑”。因为怀疑的过程就是发现问题的过程，这是从事创新的前提。巴甫洛夫说：“怀疑是发现的设想，是探索的动力，是创新的前提。”当然，科学的怀疑精神绝不可与否定一切的绝对怀疑论等同。

2. 大力推行创新思维训练

大学生创新思维的训练是提高其创造能力最快捷的方式，也是实践活动中运用最多的方法，主要有发散性思维训练、收敛思维训练、直觉思维训练、自觉思维训练、形象思维训练等方法。发散性思维要求大学生尽量增加头脑中的思维角度，学会从多个角度观察同一问题，并经过思维角度和层面的变换，运用类别变动法，达到思维层面的不断变通；收敛思维实际上是一种逻辑思维方法。培养学生的收敛思维能力，本质上是培养学生逻辑、分析、判断、抽象、概括和推理的能力；直觉思维鼓励大学生大胆猜测，大胆假设，展开想象，训练其抓住偶然出现新异念头的方法，尽量多获得一些感性知识和经验；自觉思维是非逻辑思维，是依靠自觉而未经过逐步分析和逻辑推理就迅速对问题的答案做出推理的猜测、设想或顿悟的一种跃进式的思维方式，形象思维在创新思维中占有重要地位，形象思维鼓励大学生多接触大自然中各种各样的事物，通过视、嗅、触等感觉，发展表象系统，提高对事物的敏感性，从而促进形象思维能力的产生和创造力的培养。

3. 开发右脑思维潜能

诺贝尔奖获得者美国科学家罗杰·斯佩里（Roger Sperry）的研究证实，大脑的左半球和右半球具有各自独立的心理能力。在大多数情况下，人脑的左半球控制高级语言技能、复杂的时间关系，右脑则控制视觉空间、音乐、艺术、简单算术以及形象思维、自觉思维。右脑的这些思维能力与创新能力有密切关系。我们的教育和学习方式更多训练的是人的左脑，而忽视了右脑的训练。因此，个人创新思维能力的培养在对左右脑的协调运行进行全脑开发的同时，应更加重视右脑功能的开发。

4. 建构包括哲学、科学和艺术三种实体性精神文化在内的学科课程体系

哲学、科学和艺术对于创新思维的培养各具独特的教育功能哲学和科学对理工类大学生逻辑思维能力培养有益，艺术有助于培养学生的形象思维能力，帮助学生获取灵感。哲学、科学和艺术相融合的学科课程教育要螺旋式前进。

三、大学生创新基本能力培养

（一）创新能力

创新能力是指运用知识和理论，不断提出具有经济、社会和生态价值的新理

念、新方法、新理论和新发明，以应对科学、艺术、技术和各种实践活动领域的挑战的能力。虽然学术界已经有很多基于创新能力的研究成果，但中国国内的相关人员对创新能力的解释存在差异，导致学者在这个问题上存在分歧。根据学术界的共识，创新能力可以被看作是一种包含以下要素的能力：在知识获取的过程中，具备将先前经验和已有知识具有创造性地转化和更新的能力；拥有运用创意思维解决难题的能力和技巧；随着知识的不断积累，能够探索新的学习方式和技巧，以更深入地理解和应用知识，进而培养自身创新思维的能力。

在全球舞台上获得成功、推动民族繁荣发展的关键在于创新能力，这是国家核心竞争力的主要源泉，也是一种持久的推动力。目前，社会和国家间的竞争，其关键在于哪一方能够拥有更加强大的人才创新力。大学生是推动科技快速发展的关键角色，因此培养他们的创新能力至关重要，这不仅涉及未来国家和民族的人才的培养，而且是推动社会生产力发展的必备方法。另外，就对于大学生个人而言，培养创新能力也是必不可少的一项自我发展、自我完善的要求。

（二）大学生创新能力培养

1. 创新知识的学习能力

创新知识的学习能力指的是掌握最新、最前沿知识的能力。前沿知识是指涵盖新颖思路、先进方法以及创新逻辑的新兴知识，其作用在于更新个体知识结构。学习能力不仅指学生掌握新知识的能力，还包括他们不断更新自己的知识、获取最新的前沿知识和资讯的能力。客观来说，学习能力能够将学习过程中的各种具体能力，如观察能力、记忆能力、思维能力、实验能力等综合地概括起来。

提高大学生的学习能力，首先，需要鼓励他们主动参与学习并积极互动，强调学生在学习中发挥主观能动性和主体作用；其次，需要培养学生观察和发现问题的能力，让他们学习并掌握钻研和获取新知识的技巧。最后，还要激发和启发学生内在的学习动机，激发他们的学习热情和兴趣，培养他们自主学习的能力，并通过感悟与内化的方式，帮助他们加深对知识的理解与积累。

2. 创新知识的运用能力

学生在参与社会实践活动时，能够展现出一种灵活运用所学知识的能力，这种能力就是创新知识的运用能力，它可以激发创新思维，让学生以全面的角度分析问题，最终提出解决方案。要增强大学生的知识应用能力，必须先让他们掌握信息收集和理解的技巧，然后让他们灵活运用已有的知识解决实际问题。具体而言，在应用知识时，大学生需要通过不断学习和深化理解前沿知识来提高运用知识的水平。另外，要鼓励学生，将所学的知识和获取的最新知识融入个人的知识体系中。还要引导他们将所学知识与实际操作相结合，将理论知识转化为实际应用能力，确保理论知识与实践相融合。

3．培养分析判断能力

分析判断能力是指一个人通过观察、分析和推理，来对信息和问题进行评估和判断，以此为基础提出有效的解决方案的能力。这种能力能够使人理解、分析和解决所面临的问题，无论是在学科、生产还是日常生活中，都能够使人准确地用语言表达自己的思考过程和解决方案。分析判断能力涵盖一些基本技能，如逻辑思维技能、实际运用技能以及空间想象技能，强调就知识、方法进行理解判断，对知识综合性有一定要求。

4．创新知识的创造能力

创造能力是人们通过不断积累广泛的知识和经验逐渐培养出来的，这种才能综合了多种要素，涉及观察力的敏锐、精准的记忆、创造性的思考和想象力。与此同时，这种才能紧密地联系着个人的性格、心理特点、情感特征和意志特征。创造能力是人类在心理活动的最高层面上所展现出来的一种极具综合性的能力。大学生不仅需要有优秀的身心素质，还需要具备可以将所学的理论知识应用到实践中的能力，并能够通过创新实现理论的发展，培养自身知识创造的能力。通过培养知识创造能力，大学生可以提高自己的创新能力，这也是大学生综合素质得以提升的另一种重要表现。

（三）国外大学生创新能力培养的经验

麻省理工学院利用独特的方式促进创新教育，旨在培养具备创新能力的学生。它注重学生全面发展，致力于有机融合学习和生活，为学生创造最佳发展环境。为了促进本科生的综合发展和跨学科探索，该学校实施了一项重要的改革——本科生研究机会计划，即 UROP。该计划为学生提供了从入学时开始的科研工作机会，学生可参与教师的课题研究或自行设计研究并征询教师的指导，涉及多个学科领域，从而促进学生的跨学科学习和综合素质的提高。除此之外，该学校还设有叫作“独立活动期（IAP）的计划”，这个计划让学生在假期期间（即从圣诞节到 2 月初）自由地选择学习、研究和参与其他活动。这段时间内，学生可以先把考试和学分的事情放一放，选择自己感兴趣和想要实现的个人活动目标，并制订实现计划，享受自由自在的学习时光。对此，该学校还创办了专门委员会。

德国大学借鉴了洪堡大学的理念，强调自主创新能力的培养，认为大学的教育使命是培养具有完整人格和全面发展的学生。德国的大学非常注重培养学生主动、独立和创造性等方面的素质，并且非常重视跨学科的研究和教学。此外，他们还坚持追求富有探究性的学习方式。对他们而言，最重要的任务是培养学生的创新能力，因此他们十分重视塑造学生的个性和品格。为了达到这个目的，德国大学实施了多种具体的方法，如增强大学的自我管理和自我决策能力，这进一步推进了大学的多样性和多层面化，也提高了人才培养的质量和水平。德国大学主张课程设置应当贴近实际，强化与社会的互动，建立紧密的社会关系，培养学生积极参与和承担责任的品质。同时，德国大学也推崇自主学习的人才培养方式。这种学习方式能够在很大程度上拓展学生的知识领域，培养他们的自主学习技能、问题解决技能、组织能力、创新能力以及独立科研能力。

牛津、剑桥两所大学遵循纽曼大学的教育理念，致力于探索、发掘和发挥学生的潜能，同时积极鼓励和激发他们的创新思维。这种教育模式已经培养出多批高水平的人才。伦敦大学帝国理工与医学院是近年来在英国大学排行榜上排名较高的学府之一，其宗旨是在全球范围内招收最优秀的学子，培养具备出色技能、创新思维和广泛视野的未来精英。

首先，根据西方诸多发达国家的大学教育经验表明，要培养学生的自主创新能力，需要建立一个开放灵活的教育制度，并将其作为基础。美国、德国和英国等国家的高等教育系统拥有广泛的自主权，这使得它们能够采取多样化的学术教育形式和层次，并且这些国家的教育制度相对于其他国家来说也更加灵活和开放。其次，个性的独特性是创造性思维的基石。要注重培养和发展每个学生的个性，并确保教师与学校本身能够尊重不同的思想和观点，建立平等的师生关系，进而帮助学生开发独立思考和创新能力。最后，在加强基础教育和拓展知识面的前提下，我们要培养大学生自主的创新能力，从而使其知识结构更加合理。为了提升大学生自主创新能力，高校要积极鼓励他们参与科研学术活动，在这个过程中努力培养他们的能力。

四、大学生创新人格培养

（一）创新型人格

1. 创新人格

人格是一个包含多个方面的系统，它主要指的是一个人与他人不同的独特的思考方式和表现风格，这种独特性是相对稳定的，涵盖了一个人的整个精神面貌，包括一系列倾向和较稳定的心理特征。创新人格指的是将个人内在的创新意愿和创新能力有机结合，形成一系列独特而稳定的心理特质，它具体体现为对创新活动的倾向和偏好。拥有创新人格是开展创新的内在前提条件，它能够推动创新的进行，涵盖个人心灵的创新理念和创新思维，同时也是成功实现创新的重要元素。

2. 构成要素

一个人要形成个人独具的创新型人格，必须具备创新型思维、跨越困难的激励和毅力、遵守科学道德规范的意识，以及创意才华等方面的要素。笔者在前文已经提到有关创意思维和创新精神的内容。意志力是一种能力，它能使我们有意识地制定目标，并让我们根据这些目标来管理自己的行为，克服挑战并实现目标。换句话说，自我控制是人类的自我激发能力的一种实际体现。在科学道德中，信守实践和事实是基础，这意味着我们要始终坚守真相，并不断努力追求卓越。我们应当坚持资源的合理利用，尊重学术的民主，积极做出贡献，并且要始终倡导团结合作。协调能力是指在决策过程中体现出来的优秀的资源整合能力，具备这种能力的人可以理解并遵从科学管理原则，能够熟练运用各种管理方法，进而实现有效的协调和管理。培养协调能力，要求从人事关系和工作两方面入手，做到人事关系、工作两不误，以确保创新活动的成功实现。

（二）大学生创新人格培养的价值

创新人格属于高校所教育处的创新人才非常希望具备的人格，培养这种人格时，要注重时代性特征，其所具备的价值主要有以下 4 点。

1. 勇于探索未知的领域

个人的创新人格表现在他们能在具备主动意识的前提下思考问题，勇于发问并拥有大胆的批判性思维。大学生若能培养出创新性格，将更有助于他们理解失败与成功之间的辩证关系。除此之外，他们还能持续发掘未知领域，坚定不移地追求目标，勇敢接受冒险和失败，以及勇于探索未知、为追求真理而斗争。

2. 顽强克服探索中的障碍

通过培养并具备创新性的人格特质，大学生可以清晰地定义自己的目标，并获得克服挑战和提升自信的能力。此外，他们还能够坚定地探索创新过程中的难题，保持自律和严谨的态度，从而在不断努力之后取得最终的成功。大学生在具备创新型人格的情况下，可以成为正确树立世界观、人生观、价值观和科学发展观的基石，同时也能够提升个人意志力。所以说，这种创新型人格是非常关键的。

3. 善于协作开展科技攻关

培养创新型人格，在创新实践中，善于同团队成员协商合作，发挥集体的智慧，积极协作开展创新和攻关，理性面对知识迅速更新的挑战，正确处理继承与创新的关系，有效地朝着创新目标前进，取得创新业绩。

4. 严格遵守科技伦理规

崇尚科学并追求不断发展是激发创新的必要力量，也是培养创新型人才的目标和重要价值观的体现。我们应该教育大学生拥有创新型人格，并督促他们对社会负有责任心。大学生应该被激励去寻求真相、追求真理，在坚持科学道德标准和遵守科技伦理规范的前提下，注重提高自身的科技伦理素养与道德权益的教育。这种方式可以有效提升大学生的科技伦理道德素养，促进科技伦理道德水平的快速提高，并且这样的行为对于推动人类的进步和发展，具有非常重要的积极社会价值和长远的历史影响。

（三）当代大学生创新人格的培养

人格的形成是由多方面因素影响和决定的，创新人格的形成也是如此。创新人格的培养是一项复杂的系统工程，培养大学生创新人格，可从以下 5 个方面进行探索。

1. 保持好奇心，增强创新需要和动力

好奇心是培养和塑造创新人格的一把钥匙，促使人们了解世界，不拘泥于过去，有效地利用前人的成果去创造未来的新生活。而强烈的创新需要和动机也是培养创新人格必不可少的因素。

2．提高人格主体的知识水平，强化主体创新意识

进行具有创新性的工作，需要建立在充分的知识基础之上。知识的广度和深度会影响创新的水平，如果一个人所掌握的知识不够精深和准确，这会很容易使得他的创新效果不佳。在形成创新人格的过程中，创新意识扮演了极为关键的角色，它不仅能够帮助高校培养学生的创新思维和个性特质，而且可以从内在层面促进学生创新能力的提高，并激发他们的创新思维。因此，在培养大学生个性创新方面，高校及教师需要特别注重学生创新意识的发展。

3．加强人格修养，增强责任感和主动性

人格修养要求通过自我磨炼和改变、学习和实践道德准则来提高个人道德素质，它是建立在高尚的人格理念之上的。虽然个体能够进行冷静的思考和自我批评，并将社会规范视作自律行为的模式，但人类个体起初并不具备自我意识以提升人格修养。如果没有具体地总结、改正和提高，人类个体就无法将其转化为崇高的道德观念和情感状态。因此，高校教师教导大学生深入认识人格培养的起点和目标，深化对自我的修养了解，并提高修养水平，能够帮助他们塑造正确的世界观、人生观和价值观，进而激发其新的思维方式、培养新的人格特质，从而推进大学生群体个人品质与创新人格水平的不断提升。

4．培养意志品质，提高主体对挫折的耐受力

创新活动是一个艰苦的过程，只有具备坚忍的意志品质，严谨细致，百折不挠，才能排除各种干扰，自觉朝着创新目标不断迈进。不仅要在思维上突破常规，而且在行为上不同寻常，这一过程充满艰辛和困难，是创新人格的基石。

5．养成自立自强的独立精神和能力

在当今竞争日益激烈的社会环境中，人才需要拥有积极进取的心态，勇于表达个人想法，需要具备承担责任的勇气和精神。只有拥有独立的个性和自主意识的人，才会有勇气参与各种事务，融入社会，并充分展现自己的才华和潜力，同时抓住各种发展机遇。相反，缺乏独立精神的人，即使处于一个重视个人成就的社会环境中，也无法确保在事业上取得成功或实现个人目标的保证。因此，培养独立思考能力和自我意识对于个人的成长和发展至关重要。只有具备这种独立性

格，才能充分发挥自己的潜力，并在社会中展现出卓越的表现。

综上所述，知识经济时代为个人的人格发展带来了特殊的机遇，为大学生实现人格创新提供了相对自由的环境，但也带来了一些困难与阻碍。因此，为了建设和谐社会，我们需要帮助大学生培养和发展具备创新性的个性特质。为了实现这一目标，高校必须重构教育观念，改革现有的教学模式，并且创造良好的培养创新人才的环境。

第三节　大学生创业素质教育

创业教育的本质是素质教育，创业教育不只是为了让学生创办企业或自主创业。创业伴随着人的一生，创业的触角遍及生活的每一个角落。创办企业是创业，自谋职业是创业，在已有岗位上的创业更具有普遍性。所以，我们所主张的创业包括更多的领域。创业者所具备的有关创业的综合素质并不是与生俱来的天赋，它是在后天的环境中逐步培养起来的。随着创业热潮的涌现，高等教育机构必须紧跟潮流，建立并实践可行的创业教育方案。大学生若想提高自身的创业能力，必须参加创业教育课程的学习。大学生创业教育的目的是激发学生的创业热情，帮助他们掌握创业技巧，并注重培养学生的创新思维，提升其创业实力。对于当代大学生而言，发展创业素质对他们的职业生涯具有显著的积极作用，即使最终不选择创业或独立自主开创事业，大学生仍然会受益匪浅。

一、大学生创业素质教育的基本内涵

一般而言，创业是指一个人整合个人资源或基于个人辛勤劳动所获得的资源，以收获更大的经济或社会效益的过程。素质是个人天赋与实践经历的综合体现，包括知识、修养、技能等方面，能够代表一个人的综合素养和能力水平。

（一）大学生创业素质教育的含义

创业教育是一种新近兴起的教育概念，未来社会的支柱将由高创造力和创新能力的大学生构成。为了顺应经济社会和国家战略的动态变化，高校需要加强创业教育，以提高学生的创新能力和实践经验，使他们更好地适应社会需要，这也

是高校帮助学生成长的重要方式。大学的创业教育旨在提高学生的综合素养，培养他们的创业意识和适应社会的能力。这种教育注重创新思维和实践能力，主要通过课程教学和各种实践活动来实现。创业教育课程旨在培养学生未来从事创业时所需的意识、知识、品质和能力，从而为他们日后步入社会做好准备。

（二）加强大学生创业素质教育的必要性

目前社会在积极推进大学生创业素质教育，这不仅是为了解决大学毕业生就业难的问题，更是为了使他们的综合素质和能力水平得到提升。首先，应对大学生严峻就业形势的措施之一是加大大学生创业素质教育的力度，以解决他们的就业情况。我国大学扩招后四年内，未做充分准备来处理这些学生的就业问题，这就导致出现一种严峻的就业状态，情况非常紧急，令人手足无措；其次，为大学生提供创新创业方面的教育，能够增进他们的综合素养和能力水平。在创业领域，全面发展自身能力至关重要，尤其需要具备多种素质的高素质人才。最后，实施创业素质教育有助于大学生创业核心素养的培养和提升。通过这种方式，大学生可以增强自身生存技能、提高自身竞争力和创业才能，进而成为具有全面发展的杰出人才。

（三）加强大学生创业素质教育的途径

大学生创业素质教育必须以“创造性和开创性”为基本要求，以课程教学与实践活动为主要载体。因此，加强大学生创业素质教育必须从以下 4 个方面着手。

1. 树立创业素质教育的观念

我国的高校长期以来一直以应试教育为主要培养方式，这种方式已经成为常态，导致了大量“定制”型标准化人才的产生，这些人缺乏独特个性和创造力。我国经济的蓬勃发展以及新时代对人才的需求不断增长，高校教育需要更注重培养创业素质，而不只是注重传统的应试教育。高校需要改变把专业和就业紧密对应的观念，要认识到就业是一个不断创新进取的过程，要大力培养具备这种动态思维的人才。教师应该意识到培养学生创业意识、创业素质的重要性。学生应该认识到，自主创业是一种非常有前途的职业道路，大学生毕业后的就业选择不仅限于考研和就业。这就要求学生需要在校内外教育以及实践中，积极发展并提升自身的创新能力和创业素养。

2. 整合教育资源，构建创业素质教育课程体系

为了推动创业教育的多样性，高校需要尽其所能地提供各式各样的教育资源和渠道，不仅限于课程设计，还包括师资队伍、教学方式以及外部培训等方面。大学生的创业能力的培养与教育资源密切相关，因为教育资源对于大学生创业能力的提高具有实实在在的影响。高校可以将讲座与课程有机结合，邀请知名教师、风险投资家以及企业高管等强力加盟，将他们的实战经验和深度教训传递给学员，从而引发学生对创业的激情，提升他们在创业领域的技能和素养。这种方法能够帮助学生真实地深入了解创业领域，能够为他们未来的职业发展提供有力的支持，这也是大学生进行创业需要掌握的重要内容之一。创业实践活动对于培养和提升创业素质具有至关重要的作用。因此，高校必须注重将理论与实践相结合，将课堂教学与校外拓展培训结合起来，以培养学生的创业素质。高校可以通过多种方法激发学生的创造性如为学生提供有关创业的咨询和引导服务，与学生共同策划小型项目，组织模拟创业等活动，并积极为其提供支持和鼓励。开展这些活动，有助于提升大学生的创造力和实践能力。

为了促进创业素质教育课程的实施，需要特别强调教学计划和课程结构体系的制订和设计。首先，要在大学生入学时就设置创业课程，让学生初步了解创业思想，并在整个学习阶段中保障创业教育的连续性，逐步加深学生对创业的认知，直至他们毕业；其次，一个优秀的创业课程需要包含多种要素，如基础理论、案例研究和模拟实践等。应该强调实践教学，在授课过程中着重培养学生的创业技能；最后，各个高校的教务部门在设计创业课程的结构体系时应遵循科学的原则。

3. 重视实践教学，培养学生创业能力

就创业素质教育而言，一个重要的特点在于它强调实践性。在教育实践中，如果进行创业素质教育，需要特别注意以下四个方面：第一，应加强课程实践部分。高校要积极开展科学实验、运用专业技能进行实践、接受军事培训、参与实际劳动并获得就业方面的指导等相关活动。为了加强实践教育，高校有必要探索更加有效的教学方法，如情景模拟，并且要为学生提供充足的参观、考察相关企业的机会，组织社会调查并鼓励学生积极参与其中；第二，应加强学校文化的建设，大力举办多样化的实践活动。高校可以考虑多举办技能比赛、创业竞赛、提供文化导航等服务以及志愿者活动，以丰富学生在学校课堂之外的学习经验；第

三，应当加强学校与企业之间的合作关系。在实践教学中，校企合作是一个重要的方式。高校可以积极探索多种合作模式，比如邀请企业中的员工来校开设专题讲座，或者将在职企业人才聘为兼职教师，从而增进校企合作；第四，各个高校既是未来领袖的培养地，又是培养未来社会中坚力量的摇篮和基石。因此，创造力应被视为大学生综合素质培养中不可或缺的要素。

4. 发挥政府和社会的功能，建立合理的创业机制与环境

创业教育需要社会各方面的支持，以建立一个稳定、可持续的创业发展环境，为大学生的创业奠定坚实基础。首先，政府应当积极行使其服务职能，努力促进创业文化的形成。为了推广创业文化，政府及社会需要采取一系列具体行动，这些行动包括政策引导、基金支持，以项目为起点来带动创业文化的传播。同时，还要建立一个网络，将各种机构和组织联合起来，以激励毕业生主动创业；其次，我们需要让社会普遍认识到支持大学生创业的重要性，鼓励社会各方与高校进行合作，而地方政府、企业及不以营利为唯一目标的组织机构都应为大学生创业提供实习机会和捐赠奖学金等支持措施；最后，为了创造一个良好的创业创新环境，我们应该利用媒体积极向创业青年传递信息，宣传政策，同时推动全社会讨论相关议题。客观上看，媒体的宣传可以在快速传递信息、传播正能量方面给予大学生创业活动极大的帮助，同时可以引导更多的公众关注和支持大学生创业。

二、大学生创业意识的培养

在创业教育中，培养创业意识是非常重要的一部分，因为创业教育就是一种将理论与实践相结合的教育，这种教育可以启迪学生的创新思维和实践能力，并成为两者交融的媒介。作为一种新兴的教育理念，创业教育与素质教育同样重要，它对高校教学改革进行了创新性的探索，为教育事业指明了新的方向，对于教育的正向发展具有重要的意义。在进行创业思想教育时，至关重要的是要激发学生的创业意愿，激发他们探索、创新的思维，让他们改变被动接受的心态，成为有独立思考能力和积极探索精神的创业者。

（一）创业意识的定义

创业意识指的是创业者内在的性格特征和倾向，涵盖对创业需求、动机、兴

趣、梦想、价值观以及世界观等方面的认识。这些社会属性体现了创业软实力的因素，能够对创业者的思维和行为产生影响，并引导他们的向目标努力。在选择和行动方面，创业意识要求的是很强的决策能力和行动力。此外，我们也可以将创业意识视作创业设想，它是创业者根据自身的生理和心理动机，在对周围环境观察和了解的基础上，通过推理、判断等认知过程所形成的，它是创业者思维和心理活动的体现，是创业行为的重要驱动力。创业意识是创业者素质系统中最核心的子系统，它可以被视为驱动整个系统的引擎。

（二）创业意识的要素

1. 创业需要

创业的起点在于创业者对现状不满、对未来抱有期望，这些愿望和意识是创业者开展实践活动的最初动力和诱因。许多人有创业想法，但并非所有人都会真正地付诸行动。对于社会个体而言，只有当创业需要变成内在的创业驱动力时，才会有创业行为的出现。

2. 创业动机

创业动机指推动创业者从事创业实践活动的内部动因。创业动机是一种成就动机，是竭力追求获得最佳效果和优异成绩的动因。有了创业动机，才会有创业行为。

3. 创业兴趣

创业兴趣指创业者对从事创业实践活动的情绪和态度的认识指向性。它能激活创业者的深厚情感和坚强意志，使创业意识得到进一步升华。

4. 创业理想

创业理想指的是创业者对未来从事创业实践活动的追求和向往，这种心理品质通常具有稳定、持续的特点。创业理想是人生理想的一个方面，它聚焦于职业和事业的追求，而非关注于政治和道德层面的追求。创业意识的核心就在于拥有对创业理想的追求。

（三）创业意识的内容

1. 商机意识

真正的创业者，会在创业前、创业中和创业后始终面临着识别商机、发现市场的考验。必须有足够的市场敏锐度，可以宏观地审视经济环境，洞察未来市场形势的走向，以便做出正确的决策来保证企业的持续发展。

2. 转化意识

只察觉到商机并不足以成功，对创业有想法的人还需要在机会来临时及时抢占先机，将机遇转化为实际的收益和企业持续运转的力量，最终让创业计划变为现实。实现巨大收益需要进行一种意识上的变革转化，即改变自己的思维模式，将商机和机会转化为实际收益；将个人才能和所学知识转化为智力资源、人际资源和营销资源。

3. 战略意识

在创业的起步阶段，创业者需要制订一份全面的创业计划，其中要包括市场进入策略和产品销售等关键内容。在创业步入中期阶段时，创业者应该制定较为全面的发展策略，把市场开发、产品优化和人力资源管理等内容整合起来，以调整初创时期的创业策略。需要明确的是，创业策略没有唯一正确的选择，也不存在绝对的好与坏之分，最重要的是选择与自身创业路径相符的策略。创业者需要保持长远的战略眼光，不能只用眼前的得失来衡量成功。

4. 风险意识

创业者要认真分析自己在创业过程中可能会遇到哪些风险，一旦这些风险出现，要懂得应该如何应对和化解。大学生是否具备风险意识和规避风险的能力，将直接影响到创业的成败。

5. 勤奋／敬业意识

李嘉诚曾说："事业成功虽然有运气在其中，主要还是靠勤劳，勤劳苦干可以提高自己的能力，就有很多机会降临在你面前。"[①] 大学生创业，一定要务实，要勤奋，不能光停留在理论研究上。可以从小投资开始，逐步积累经验。要有好的思路和想法，有勇气去迈出第一步，这样才会成功。

（四）创业意识的培养

1. 培养风险意识是培养创业意识的关键

创业教育开展过程中，一定会遇到挫折，因此大学生需要认识到市场并不总

① 薛雯霞，杨从亚，周彬．电子商务基础与创业实务[M]．天津：天津大学出版社，2017.

是看好大学生创业者，这是一个残酷的现实。所以，大学生在创业过程中需要充分意识到风险，也就是具备足够的风险意识，需要能够做到主动接纳并承担失败可能带来的影响。很多大学生想要创业，但他们只看到其他人的成功，却没有考虑到自己所处的时间和地域等方面的差异；他们盲目地模仿其他人的经验并照搬照抄，导致他们自身的优势形同虚设。

2. 培养创新意识是培养创业意识的核心

灌输创新意识，可以激发人们内在的潜能。大学生通常会在创业过程中具备开拓进取的意识，他们不会因为传统的思维方式而受到限制，反而会勇于探索和实践新的创新模式。他们会通过比较不同的方案，以找到最佳的创业路径，并确立一个坚实的基础，为创业的成功创造前提条件。

3. 培养职业规划意识是培养创业意识的保障

随着市场经济不断深入发展，人们在选择工作上获得了更大的自主权和自由度。同时，就业市场的竞争和风险也越来越高，这就要求我们必须合理、科学地规划职业生涯，这种趋势已经引起了人们的日益关注。在最近几年里，人们越来越频繁地听到“职业生涯规划”这个词语。为了确保创业成功，准备创业的学生需要具备良好的职业规划意识与创业意识。

4. 培养大学生吃苦耐劳的意识是培养创业意识的前提

古语有云：“宝剑锋从磨砺出，梅花香自苦寒来”，[①] 同样地，人的发展也符合这种规律，独立创业也是如此。当今物质生活比较富足的社会，对大学生进行耐劳精神的培养变得更加迫切。经验表明，只有具备敢于冒险和持之以恒的创业态度，大学生才能在创业过程中更有可能获得成功。在创业过程中，许多大学生在初创阶段会面临各种困难和挑战，这使得创业变得非常具有挑战性，尤其是在资源相对稀缺的情况下。有敢于创业并具备坚韧不拔精神的人才能够勇往直前，完成各种挑战，最终获得成功。显而易见的是，向大学生灌输吃苦耐劳的观念，并对他们进行刻苦奋斗精神的培养是非常关键的，这种精神教育需要不断进行，让每一位大学生都能做到吃苦耐劳。

① 高占祥．警世贤文[M]．北京：中国人民大学出版社，2014.

三、创业知识的培养

创业知识包括专业知识、经营管理知识和综合性知识，它能够体现创业者的文化素质。从某种程度上讲，创业者的文化素质越高，其创业成功的概率相比较高。

（一）创业知识的定义

广义上的创业知识可以被定义为有价值的知识体系，该体系包括专业知识、经营管理知识和其他综合知识，所有这些都对创业实践具有重要的作用。只有对相关学科的核心概念和技术有透彻的了解并能熟练操作，才能为未来创业奠定坚实的基础。

狭义的创业专业知识是指在实际创业中可直接应用的相关信息，包括创业流程、技巧等。大学生进行创业时，需要思考选定创业的合适时机，积极寻找可以获取创业机会的渠道，并编写准确的创业计划书，以便成功地创建小型企业并高效地完成工商注册。此外，他们需要面对的挑战还包括成功获得银行贷款。

（二）创业知识的构成

首先，专业知识，它是必须具备的知识，当从事某一专业或职业时，人们会将这些知识与其专业技能相结合，以发挥更大的作用；其次，在运营管理领域工作所必须掌握的知识；最后，综合性知识，这种知识可被应用于多个不同领域，发挥至关重要的作用。这些领域涉及政策法规、商业运营、税务、金融、保险、人际交互以及公共关系等，涵盖的知识面极为广泛。

在创业知识的构成中，经营管理知识、综合性知识与经营管理能力和综合性能力一样，具有内部资源配置和社会关系运筹的特征，并与经营管理能力和综合性能力结合在一起，共同发挥作用。

（三）创业知识的培养

1. 学理性知识

各类学科提供的理论营养：具备专业知识，认清事物本质，把握规律；经营管理知识，人员、经营目标、经营过程、销售过程的管理；财务管理知识，融资、财务结构、资金运营；税收知识，税法、税收筹划；金融知识，货币市场、资本市场等。

2．经验性知识

从历史和现实管理实践中获得的经验，包括他人的经验和自己的经验。

3．规则性知识

由一系列人为构建的规则及潜规则所构成，主观设计的法律性规则，也称“正式约束”或“正式规则”。

（四）大学生创业知识培养的途径

1．大学课堂、大学图书馆与大学社团

参加课堂学习可以使创业者掌握扎实的专业知识，从而在创业过程中为他们提供源源不断的前进动力。大学生若要了解创业市场，可以大量阅读大学图书馆中有关创业指导的期刊和图书，这样能够增进自己的认知。此外，参加大学社团活动可以提升大学生自身各方面的能力，这对于初创者来说是很有必要的。

2．媒体资讯

一是纸质媒体，人才类、经济类媒体是首要选择。

二是网络媒体，管理类、人才类、专业创业类网站是必要选择。此外，从各地创业中心、创新服务中心、大学生科技园、留学生创业园、科技信息中心、知名的民营企业网站等都可以学到创业知识。

3．与商界人士广泛交流

我们的日常生活的各个角落都存在不同的商业活动。寻找经商的亲戚朋友与他们沟通，是一个很好的方式来获得有关创业方面的经验和建议。与阅读书本相比，他们那里的创业技巧和经验更加实用，并且能够给创业者更多的收获。创业者可以尝试与备受敬佩的商界成功人士进行邮件和电话沟通，并向与自己的创业项目紧密相关的商业组织咨询，要注意表现出谦虚和谨慎的态度，以获取他们的支持。这将有助于推动创业者的创业之路。

4．曲线创业

先就业、再创业是时下很多学生的选择。毕业后，由于学生各方面阅历和经验相对较少，先到有相关经验的单位锻炼几年，积累了一定的知识和经验再创业也不迟。先就业、再创业的学生，所从事的创业项目通常也是在过去的工作中密切接触的。而在准备创业的过程中，学生可以利用与专业人士交流的机会获得更多来自市场的创业知识。

5. 创业实践

真正的创业实践开始于创业意识萌发之时。大学创业实践是学习创业知识的最好途径。间接的创业实践学习主要可借助学校举办的某些课程的角色性、情景性模拟参与来完成。直接的创业实践学习主要可通过课余时间、假期在外的兼职打工、试办公司、试申请专利、试办著作权登记、试办商标申请等事项来完成；也可通过举办创意项目活动、创建电子商务网站、谋划书刊出版事宜等方式来完成。

四、大学生创业能力的培养

（一）创业能力的内涵

创业能力指拥有发现或创造一个新的领域，致力于理解创造新事物（新产品、新市场、新生产过程或原材料、组织现有技术的新方法）的能力，能运用各种方法去利用和开发它们，然后产生各种新的结果。

创业能力分为“硬件”和“软件”，“硬件”就是人力、物力和财力；“软件”就是创业者的个人能力，包括专业技能和创业素质。创业素质包括创业热情、价值观、发现能力及创新能力。其中任何一个方面都是可以再细分的。与就业能力相比，创业能力比就业能力多的是发现的眼光，创新的智慧。

（二）创业能力的特征

通过上述的内涵分析可以看出，创业能力是一种以智力为核心，具有创造性特征，与个性心理倾向和个性心理特征紧密相连，与创业的实践活动相伴而生的综合性的实践能力。

1. 创造性

人类实践的本质就是创造，创业能力是一种具有创造性特征的能力，创业能力的基础是创造能力，即在发现问题时，对问题具有高度的敏感性，观念具有高度的流畅性（多样化），能尽快、准确地做出反应，采用恰当的方式方法，创造性地解决问题。它需要有创造性思维和创造性人格的支撑。创造性思维具备创造性活动表现出新颖独特且有意义、有灵感、灵活性强、分析思维与直觉思维的统一、发散思维与聚合思维的统一等特点；创造性人格具有健康的情感、坚强的意志、刚毅的性格、良好的习惯、积极的个性意识倾向等特点。创业能力的创造性体现在创业实践的全过程中，由于优胜劣汰的社会竞争制度，创业实践中的问题解决，必须求新、求异，创业能力的创造性特征在创业实践活动中不断提升。

2. 智能性

创业能力是以智力为核心的综合性能力，智力开发为创业能力提供了有效的智力支持。智力包括观察力、注意力、记忆力、想象力、思维能力等，其中思维能力是智力的核心。创业能力以智力为核心形成由认知能力、自主能力、职业能力、竞聘能力、社会能力等要素构成的不同层级结构，在不同层级结构中又有许多因素组合而成创业能力的横向结构。在这纵横交错的能力结构中，若没有智能发挥作用，纵向结构的各层次之间不能灵活转换和逐级递增，横向结构的各要素之间无法有机协调整合，创业实践中的问题则难以很好地解决。

3. 综合性

从创业能力的构成层面看，它由多种能力组成的集合构成，这些能力相互交融，能够形成综合能力，并对实际情况产生影响。创业能力的五大核心要素中，每一个要素都拥有其独特的价值和作用，每个要素的缺失都会影响其他要素的形成和发展，并影响它们的功能和作用的发挥。只有将这些要素按一定的规则组合，形成相互依赖、相互作用的结构，才能形成创业能力的特定能力。创业能力水平受结构方式的合理性和结构程度的紧密程度的综合影响，而创业组织的能力结构直接或间接地影响着创业活动的导向、方式和组织形式。这种能力架构可以协助创业组织适应社会的变革和环境，进而形成一个具有很强的包容性的系统。创业能力结构、创业实践活动与社会的运转和效益密不可分，因为它们直接与社会环境和变化交互作用，而后形成一个互动的、具备综合性的开放系统。

4. 个性制约性

个性心理特征和倾向紧密相关，而创业能力是在这些条件下生成和发挥的一种综合能力。一个人的创业意愿很大程度上与他的个性倾向性有关，这是由身心机制所决定的。人们的创业能力因其个性化的心理特征和倾向而异，因为这些特征是独特的、不可复制的。在创业过程中，具有不同心理特征的人会有不同的身心投入程度。有的人只是说说而已，毫无实际行动；而有些人则是实际行动派，他们会付诸行动来实现自己的目标，并且提供实际建议来推进创业进程。由于心理特征的不同，人们在创业过程中表现出的能力也各有侧重。有些人勇于承担风险，能够采取直截了当的方式进行创业，而有些人则善于巧妙地迂回变通、智取机会。美国著名管理大师彼得·德鲁克（Peter Drucker）认为成功的创业者应该是这样的："有的偏激，有的驯服；有的胖，有的瘦；有的焦躁，有的从容；有的喜欢豪饮，有的滴酒不沾；有的英俊热情，有的呆板冷漠。"① 虽然成功的创业者各有不同，但我们可以通过描述一些共同的特点来描绘这一特殊群体。在以开拓精神为驱动的创业实践中，长期坚持不懈、不屈不挠的毅力、敢于尝试新思路、努力开创出独特的创新创意、勇往直前、充满热情的斗志、敏捷果决的行动力，都是至关重要的因素。只有在经历了成功与失败、机遇与挑战、顺境与逆境的磨砺后，人们才能真正实现既定目标并获得成功。

5. 社会实践性

创业实践活动对于培养和提升创业能力方面具有至关重要的作用。只有通过实践创业活动中的各种情境，创业能力才能逐渐形成和发展，由无到有，从不成熟到成熟。只有适应难度和挑战的任务，才能唤起创业者内在的热情，并增强他们的创业能力。所以说，实践是不可或缺的，它对于提升创业能力至关重要。创业实践活动为人们展示和发挥创业能力提供了合适的社会场所和空间。只有在这样的场所里，创业者才能真正发挥并体现出创业能力。因此，通常情况下，创业能力与实践经验密不可分，两者相互依存，相互影响。

（三）创业能力的培养

1. 注重"通识学习"能力的培养

通识学习是关于人的生活的各个领域的知识和技能的学习，其涉及范围宽广全面。大学生除了学习一门专业知识外，还要注重"通识学习"，专业知识有利于寻找到创业的切入点，而创业涉及各方面的知识。学习经济学知识，了解基本的经济学常识和经济政策，市场构成及投资项目的可行性研究，市场营销与广告、

① 白伟芳，徐彪．大学生就业指导与创业教育[M]．成都：电子科技大学出版社，2019.

促销和创业的相关知识；学习企业管理知识，懂得如何进行企业战略管理、生产管理、市场开发管理、人力资源管理等；学习法律知识，学会把握国家政策和法律法规，特别是地方政策和法律法规，知法守法，合法经营，学会利用法律保护自己的合法权益；学习金融财务知识，把握企业的经营状况，疏通各种融资渠道；学习外贸知识，有利于把企业做大，进行各种进出口贸易；学习心理学知识，有利于在各种逆境中调整自身的心态；学习文史知识，可以提高人文底蕴、了解民情风俗，一个新产品、一个新的推销方案是否与当地民情风俗相矛盾，是需要确定的。创业知识涉及管理学、心理学、社会学、经济学、组织行为学等方面知识。需要说明的是，大学生在校期间还是以学习专业知识为主，但要注重提高“通识学习”的意识，利用各种业余时间来学习其他方面知识，学习专业知识但不要陷入“专业圈子”。

2. 积极参加创业实践

创业具有非常高的难度和挑战性，需要创业者具备全面素养。创业者成功的关键在于建立科学的知识体系，掌握各种管理、商务、税务、投资、法律以及技术等关联领域的专业知识；此外，创业者还需要积累丰富的创业经验和专业技能。除了上述所述的因素，创业者还应该注重为自己培养一些独特的创业才能，这些才能包括掌握自给自足的技能，具备自我激励的能力，拥有积极开拓的视野，持久坚忍的毅力以及创新性的思考方式。除此之外，创业者还需具备一些有益的技能和能力，如实际操作经验、富有创造性的思维、组织领导力、有效合作与沟通技巧、创业精神、创新能力及社交能力等。

除了天生的才能和自然赋予的条件，创业者也可以通过实践进行培养和训练，锻炼自己的事业心、责任感、识别机遇的能力、敢于冒险尝试的勇气，并充满激情地发挥创造力与智慧。大学生要有效利用创业园区的“产学研一体化”环境，积极参与实习、创业大赛、市场调研、创业讲座等活动，以提高自己的实际能力。大学生进入社会后，需要积极加入各种实践性的活动。要勇于面对挫折，因为有些人视挫折为绊脚石，而另外一些人则将其视为通往成功的阶梯。

第四节　大学生创新创业素质教育实践

一、拓展大学生创新创业实践的基础知识与基本技能

（一）构建学科群创业课程模块

通过创建“学科群核心知识集合模块课程”的培养体系，开展大学生职业生存与发展能力训练，提高学生就业竞争力和职业发展能力。建立“学科群核心知识集合模块课程”的培养体系，就是通过设立多元性、开发性与灵活性的专业能力训练模块，满足学生对就业能力和职业发展的迫切需求。

1. 职业能力训练模块

所谓职业能力指的是人们从事某种职业所需要的多种能力的综合，包括职业技能、职业素质等。

职业能力训练课在课堂教学中围绕“一个中心”，即学生职业综合素质协调发展与健康成长；发挥“两个作用”，即教师的教书育人作用与学生的自我教育作用；实行“三个转变”，即教师教学方法、学生学习方法、考查方式的转变；突出“四个重点”，即自我教育与人格发展、潜能激发与挫折应对、团队意识与人际沟通、社会适应与职业素质提升；设计“五个环节”，即体验、分享、交流、整合、应用。

职业能力训练课程并不是简单的理论加实践，应用型本科院校课程改革的重心应突出职业实用性在课程中的主体地位，用工作任务来引领理论。也就是说，课程建设不应采用传统的理论来编制课程教学大纲和实施教学大纲，而是要根据职业岗位的一般职业素质、“身体—心理”素质及岗位适应能力等的需求特征，来作为工作任务，进行课程设计、实施教学过程与教学评价。

实践证明，体验式职业能力训练是提高学生职业素质的有效方法，应针对职业人员综合素质需求特征及需要对训练项目进行遴选、归类、整合和设计，不同的职业综合素质应采取相对应的训练案例。这对有效保障训练质量具有重要作用。

2. 营销创意模块

营销创意是一种让营销变得与众不同的想法，对一般品牌来说，营销的难度

相对较大，因此更需要创意来整合内容，使常规内容尽可能做到有趣、有关、有价值。创意营销与其他营销模式的最大不同在于，它将统一的创意理念贯穿于产品的研发、生产、推介和销售等环节，在一定程度上避免了传统模式中生产与营销脱节的弊病。

创意营销的最终落脚点是市场，要通过销售渠道、销售方式、销售策略等的创新，最大限度地扩大产品的知名度、影响力，进而提高产品的市场占有率。一些媒体为此进行了不懈探索，如通过举办各种公益活动吸引媒体注意力、开展互动性强的社区活动来吸引受众参与、在各种媒体终端同时进行全方位推介等，既充盈着职业精神的气息，又闪烁着创意策划的光彩。

3. 投资理财模块

随着时代的进步，投资理财已经成为大学生必备的基本技能之一。在大学阶段，培养学生正确的消费观念至关重要。因而，高校教导学生正确的理财观念，可以辅助他们塑造积极正面的世界观、人生观和价值观。这种方法是可行有效的，也是促进和谐校园关系、培养实践能力和创新思维、培养人才的有效方法。大学生普遍资金不充足，因此在投资理财方面需要做出明智的选择，要通过选择适合自己的投资理财方式来提高自己的理财能力。这是每个大学生在投资理财领域必不可少的学习过程。

通过对存款、股票投资、基金投资、债券、外汇投资的理论的运用学习和设计，提升当代大学生的投资理财意识，帮助大学生树立正确的投资理财目的，制订理财规划；根据大学生承受风险的能力、资金，选择合适的投资工具，寻找适合自己的投资理财方式；能够有效地结合个人的实际情况，制订理性的消费计划，为每次的消费做一个预算，在控制自己消费的情况下，对多余的资金进行合理科学的投资理财。

（二）做好大学生创业课程的课外辅导工作

创业教育模式是将第一课堂与第二课堂相结合，将创业教育融入素质教育，以提高学生自身能力与素质。创业教育重在引导学生产生创业意识，完善知识结构，不断提高学生的综合素质。在第一课堂方面，学校不断调整教学方案，增设更多的创业教育系列课程，目的是给予学生更多自主选择的空间，以鼓励学生创新思维。在第二课堂方面，学校鼓励学生走进社会，运用自身的专业知识，创造性地投身于各种社会活动中，形成以专业为依托、以项目和社团为组织形式的“创业教育”实践群体。

二、大学生创新创业实践能力培养

创业需要激情和勇气，更需要理性的思考，无论是大学生还是其他创业者，在市场中接受的考验是一样的，所有创业者创办的公司都处于同一起跑线上。创业实践教育弱化甚至缺失是造成大学生自主创业率低的主要原因之一。而高教园区构建大学生创业实践平台，有助于培养大学生的市场意识和客户导向意识，促使其将目光从课堂投向市场，将理论转化为实践，促使学生在“实践—认识—再实践—再认识”这一循环中提升综合实力。所以，改进现有的知识传授型人才培养模式，研究创业实践对大学生创业的影响，在高教园区构建创业实践平台对创新创业型人才培养显得尤为重要。

（一）大学生校内创业实践平台

1. 开设创业教育课程

提升学生的创业实践能力，需要相应的创业课程做指导和铺垫，开设创业教育相关课程，如中小企业创业、创业政策、创业计划、创业选择与实施、创业管理、创业案例分析等。

2. 开展创业实践活动

主要是模拟创业项目，参加创业大赛，在学校建立的创业实践基地或大学生创业园创业。

3. 建设校内创业实践基地

校内创业实践基地建设主要包括创业基地的规划、创业实践相关制度规范的建立，如项目的申请、立项、进驻、退出等运作机制与考核办法。

（二）大学生网络创业实践平台

努力发挥高校的积极作用，促进大学生网络创业健康有序的发展。建立高校毕业生网络创业风险基金，支持大学生网络创业。给予学生必要的资金支持，同时鼓励学生利用创业计划多渠道筹措资金。鼓励和积极开展大学生网络创业竞赛活动，增强大学生创业意识和创业能力，促进创业意识、创业能力的提高。对于电子商务类专业学生，可以考虑将网上创业纳入教学实践，通过理论与实践的联系，在提高学生创业能力的同时增加就业机会。

高校应当结合院校所在地和生源所在地的区域经济特点开展创业指导。同时要积极、持续、稳步推进大学生网络创业教育培训活动，促进中西部相对比较落后的地区的大学生网络创业意识和能力的提高，在一定程度上尽快缩小地区差距。

（三）大学生校外创业实践平台

利用校外实训基地进行创业实践，需将学校和企业两者利益结合起来，寻求最佳切入点。

1. 选择合适的企业合作开展创业实践

目前院校所建设的校外实训基地都是建立在校企合作基础上的，选择合适的合作企业很关键，和什么样的企业合作有利于开展创业实践必须经过慎重考虑。在建设校外实训基地开展创业实践时，要综合考虑企业规模、所属行业与学校相关专业的契合度。一般来说，大型企业在投资项目规模、周期等方面与高职院校的创业实践要求相差相对较大，所以与大型企业合作建设的校外实训基地并不适合进行创业实践；反之，中小型企业投资项目进展会比较快，其规模和周期比较适合与高职院校开展合作进行创业实践。

2. 共建创新创业实践项目

创新工作室以项目为导向，进行创业项目的选择、论证、实施、反馈，所选创业项目跟企业经营范围相关。创新工作室的建设由学校老师和企业指派人员共同负责，具体运作由学生创新团队来进行，项目运作最终要以能给企业带来效益或市场为目标。

三、大学生创业团队的组建

（一）创业团队的内涵

1. 关于创业团队的界定

关于创业团队的界定，理论界还没有统一的定论。创业团队是联合起来创立一个企业的两个或两个以上的个体，这些个体有着共同的财务利益，而且在企业的前创业期就已经存在。大学生想要成功实现创业，实现人生的梦想，就必须以组建创业团队的方式进行。而什么又是大学生创业团队呢？在大学生创业的基础上发现和把握商业机会，由几个有共同目标并有相同的价值观组建的大学生创业团队，这个团队特点是成员素质普遍较高，都接受过不同专业领域的系统学习和训练，能较快地实现自身的创业目标；大学生创业团队之间既有竞争，又有不同行业间的互助，这是与以往传统的创业模式所不同的。

2. 创业团队的组成与结构

创业团队中存在着领导者，领导者的创业愿景和自我效能感要强于其他的创业团队成员，但其创业技能与其他团队成员没有显著差异，且创业团队的业务增长与领导者的愿景正相关，而与其技能和自我效能感无显著相关。优秀的创业团队除了领导角色之外，还包括技术专家、赞助人、项目领导者、守门员等角色。

（二）大学生创业团队的特征

大学生创业团队相较于一般的创业团队，其最明显的区别在于创业成员均为大学生，他们拥有较高的学历，较强的专业基础知识，有丰富的知识背景，在能力、技术水平等方面也有一定的优势。

大学生创业团队的优势可以归纳为以下 3 点。

①大学生思维活跃，精力充沛，想象力丰富，对创业具有极大的热情，创新意识和能力较强。

②大学生具有较强的专业基础知识和技能，如从事本专业或与之相关的创业活动，成功的概率较高。

③大学生的学习能力强，能很快地学习和掌握新鲜事物，善于寻找商机把握机会。

然而，大学生毕竟处于相对封闭的大学校园内，接受的是书本知识而非实践技能，因此，大学生创业团队在创业过程中，由于其社会经验、人生阅历等方面的限制，会使得大学生普遍缺乏概念技能，不能很精准地把握市场的变化，也很难适应社会激烈的斗争。除此之外，资金问题也是大学生创业的首要问题，虽然政府出台了很多政策鼓励大学生创业，但是大学生创业企业往往融资困难，流动资金紧张，大学生往往对于企业财务概念相对模糊，也会导致企业财务管理相对混乱。

因此，大学生创业团队要想获得成功，也面临着很大的考验。大学生创业团队的劣势可以归纳为：第一，大学生创业团队的稳定性相对较差；第二，大学生创业团队对市场把握不够精准；第三，大学生创业团队技术力量缺失。总体而言，相对缺乏专业经营知识和社会经验、稳定性相对较差是大学生创业团队遇到的普遍问题。

（三）在校大学生创业团队组建的思考

要组建一支优秀的大学生创业团队，以下 4 点是必须要做好的。

1. 团队成员要志同道合

在创业过程中，对于创业者而言，共同的愿景、共识的价值观和财务观念同样重要。共同的理念和目标是成功的前提，只有拥有共同的理念和目标，创业者才能互相理解、互相扶持，在创业道路上同舟共济，砥砺前行。如果志向和理念不相同，不同创业者在合作过程中很容易出现分歧，其信仰和思想很难融洽。即使为了共同创业被强迫进行合作，但随着时间的推移，不可调和的差异将逐渐暴露，这将使得合作更加具有挑战性，同时也会降低创业成功的可能性。

2. 创业团队成员要优势互补，性格和能力多元化

创业者之间需要了解彼此的优势和劣势，扬长避短，优势互补，在创业中充分发挥每个人的优势，使得“1+1 ＞ 2”，从而实现整个组织所拥有的技能、知识、资源等最大化，使创业企业能够更快地步入正轨并稳步发展。

3. 大学生创业团队需要不断地学习，成为一支学习型创业团队

虽然大学生在校期间获得的知识有限，但是这并不意味着他们不能创业。相反，创业可以被视为一个新的学习过程，能够继续培养和发展他们的能力和经验。创业团队只有不断更新知识和掌握更广泛的技能，才能一直发展并保持敏锐的创新能力，这便是所谓的“持续积累经验，坚持不懈，最终大放异彩”。创业团队成员应该意识到自己的短板，不断学习并提升自己的技能，从而创造出一个充满良好学习氛围的团队。全体成员要积极探索新知识和资源，学习与企业创建及相关法律等方面的知识，促进创业团队成长，推动创业企业高效快速发展。

4. 大学生创业团队需要规范化的管理

团队成立之初，创业团队的全体成员必须确立适当的规则和制度，明确今后

的利益分配和关系。在大多数大学生创业团队中，情感因素是凝聚团队的主要因素。不过，只凭借友情来管理企业是远远不够的。为保障共同创业的合法性，大学生创业团队应设计规范明确、可行有效的管理制度，以防团队发展过程中产生不必要的争议和矛盾，从而避免对整个创业团队的利益造成不利影响。

四、大学生创业机会的识别

（一）发现创业机会

投资创业要善于抓住好的机会，从某种程度上来说，把握住每个稍纵即逝的投资创业机会，就等于成功了一半。发现创业机会的方法，具体表现在以下 4 个方面。

1. 变化就是机会

环境的变化会给各行各业带来良机，人们透过这些变化可以发现新的前景。变化可以包括产业结构的变化；科技进步；经济信息化、服务化；价值观与生活形态变化；人口结构变化。

2. 从“低科技”中把握机会

随着科技的发展，开发高科技领域是时下热门的课题，但机会并不只属于高科技领域。在运输、金融、保健、饮食、流通这些低科技领域也有机会，关键在于开发。

3. 集中盯住某些顾客的需要就会有机会

机会不能从全部顾客身上去找，因为共同需要容易认识，基本上已很难再找到突破口。

传统的“应试教育”往往强调书面知识的传授和掌握，而忽视能力的培养和提高，相对忽视了人的全面发展，使学生思维趋于僵化。新时代需要包括创造性思维在内的人的全面发展，而创造性思维又是现代人才必备的素质。所以要发展学生的创造性思维，就必须树立素质教育观念。

实际上每个人的需求都是有差异的，如果我们时常关注某些人的日常生活和工作，就会从中发现某些机会。因此，在寻找机会时，应习惯把顾客分类，认真研究各类人员的需求特点，机会自会显现出来。

4. 追求“负面”就会找到机会

追求“负面”，就是着眼于那些大家苦恼的事和困扰的事。因为是苦恼、是困扰，人们总是迫切希望解决，如果能提供解决的办法，实际上就是找到了机会。

（二）选择创业机会的原则

选择好的创业项目应该遵循以下四个基本原则。

第一，市场原则，以满足市场需求为前提，重点发展需求量大、发展前景广阔的产业或项目。

第二，效益原则，讲求投资项目有较高的投入产出比，即投资要讲究一定的回报率。

第三，符合国家产业政策原则，重点发展国家产业政策鼓励、支持的产业或项目，回避国家产业投资明确限制和压产的项目。

第四，充分利用当地资源优势和业主自身优势原则，选择自己熟悉并拥有资源优势的项目，不盲目追求社会经济热点，以避免决策失误，浪费劳动和投资。

（三）把握创业机会

创业者不仅要善于发现机会，而且需要正确把握并果断行动，只有将机会变成现实的结果，这样才有可能在最恰当的时机出击，获得成功。

1. 着眼于问题把握机会

机会并不意味着无须付出努力就能获得，许多成功的企业都是从解决问题起步获得机会。问题，就是现实与理想的差距。顾客需求在满足之前就是顾客想要解决的问题，而设法满足这一需求，从某种程度上来说就等于抓住了市场机会。

2. 跟踪技术创新把握机会

世界产业发展的历史告诉我们，几乎每一个新兴产业的形成和发展，都是技术创新的结果。产业的变更或产品的替代，既满足了顾客需求，又带来了前所未有的创业机会。

3. 在市场夹缝中把握机会

创业机会存在于为顾客创造价值的产品或服务中，而顾客的需求是有差异的。创业者要善于找出顾客的特殊需要，盯住顾客的个性需要并认真研究其需求特征，这样就能发现和把握商机。

4. 利用变化把握机会

在时代变化中蕴藏着无限商机，许多创业机会产生于不断变化的市场环境。环境变化将带来产业结构的调整、消费结构的升级、思想观念的转变、政府政策的变化、居民收入水平的提高。人们通过这些变化，就会发现新的机会。

5. 捕捉政策变化把握机会

市场受政策影响很大，新政策出台往往会引发新商机，如果创业者善于研究和利用政策，就能抓住商机站在潮头。

6. 利用对手缺陷抓住商机

在创业过程中，人们经常可以从竞争对手的失误中寻找到宝贵的机会。当竞争对手在策略执行中出现漏洞时，应该及时抓住这些漏洞并加以利用。比竞争对手更快、更可靠、更便宜地提供产品或服务，就有可能获得新的商机。因此，充分利用竞争对手的缺陷是创业中一个重要的策略。能够抓住这些机会时，就能为自己的业务增加竞争优势，实现创业的成功。

第五章　当代大学生素质拓展与评估

大学素质教育是面向全体大学生，以全面提高学生的基本素质为宗旨。大学素质教育的目标也应毫无例外地包括思想道德素质、文化科学素质和身体心理素质等要素，只不过处于不同成长时期要素构建所侧重的方面和要求的程度有所不同。本章的主要内容为大学生素质能力拓展的作用、当代大学生素质拓展体系的构建、当代大学生素质评价的指标体系和当代大学生素质评价的指导办法。

第一节　大学生素质能力拓展的作用

一、培养大学生自主学习能力

（一）树立自主学习观是培养学习能力的基础

为了实现自主学习，教师应该以学生为中心，将学生视为重要的认知主体，不断更新自己的学习理念，同时教师应尊重每一位学生，为每一位学生创造一个适合他们发展的环境与条件。学生应该将自己视为学习的主宰，主要表现在积极主动的学习态度上，将一种内心深处对知识的渴望和追求的精神状态充分展现出来。自主学习是高等教育改革发展的必然要求，学生在自主学习的过程中，需要同时具备自主学习与独立思考的能力，以达到最佳的学习效果。自主学习不仅是高等教育发展的趋势，也是高校人才培养的需要，每一位大学生都应该树立自我学习的理念，明确自己的学习目标，通过自主学习的方式，培养自我学习、问题分析等方面的能力，从而为成为高级专业人才奠定坚实的基础。特别是对于初入校园的大学生而言，必须实现从过度依赖到独立自主学习的真实转变，注重培养自主学习的能力，在教师的合理指导下，通过主观努力和积极思考，实现自我学习。

（二）坚定学习目标是培养学习能力的前提

目标既是一个人努力追求的预期效果，又是其前进的方向和动力。当人们树立起崇高的理想时，他们的学习动力将得到最大的激发。没有奋斗目标就没有人生奋斗的激情，也没有前进的勇气与毅力。学习之路的起点与终点，皆在于明确的学习目标，没有明确具体的奋斗目标就不会有持久稳定的学习动机，也不可能有良好的学习效果。举个例子，每一位大学生都怀揣着自己的追求，渴望进入心仪的学府，追求理想的职业生涯，不断地自我完善，为国家和民族的振兴贡献自己的力量。学习目标主要是为了满足学生的个人与社会发展的需求，制定合适的学习计划，以规范学生的学习活动和行为，从而实现预期的学习效果，它包括近期与远期两个目标，其中追求真理是学习的长期目标，学习的短期目标则应根据个人需求与客观条件进行灵活调整和修正。因此，确定合理的学习目标是提高教育教学质量的关键之一，学习是一项高度复杂的智力活动，学习者必须在一定的时间范围内积极地吸收和储存知识，以确保知识的不断更新和完善。

（三）掌握学习方法是培养学习能力的关键

科学的学习方法已经被证明可以充分发挥学习者的才能，并且随着学习的深入，学习者的智商也会逐渐提高，从而带来更高的效率与更多的乐趣，同时也能够节省时间。不当的学习方式会妨碍个人才华的进一步有效发挥，随着学习的不断深入，这会给学习者带来学习效率低下和困扰，所以人们经常把学习成功与获得知识、技能相提并论。从这里可以看出，成功的关键在于采用恰当的方法，掌握科学的学习方式是实现“学会学习”的关键所在。

1. 从转变学习动机入手——让大学生愿意学

如果愿意学习，那就是“我想学习”，而不是“我要学习”。掌握好正确有效的学习方法是成功地取得知识成果的关键之一，若欲激发并维持对学习的渴望，需有做到以下 4 点。

①重视目标与反馈的确立。

②做到表扬与批评的适度

③坚持竞赛与合作的统一。

④实现期望与评价的一致。

2. 从改进学习方法入手——让大学生善学

勤学苦练和善学，方能精进学习。具体而言，善学主要指对学习策略进行灵活地运用以及全面掌握科学的学习方法，同时不仅要求教师具备扎实的专业理论基础和良好的教学技能，还需要有一定的自学能力和实践动手能力。在实践中，需要具备六个方面的能力，即善于质疑、提问、思考、辨别、运用和创造，这些能力主要包括善于质疑、善于提问、善于思考、善于辨别、善于运用和善于创新。

3. 从提高学习效果入手——让大学生乐学

“乐学”是一种以情感愉悦为基础的学习过程和方式，将快乐与学习有机地融合在一起，形成一种和谐统一的学习体验，它要求学生有浓厚的兴趣，积极地投入到学习之中，并能自觉地使自己的活动成为一种乐趣和享受，从而取得较好的学习效果。“乐学”在提升学习成效方面扮演着至关重要的角色，其所带来的益处不可小觑，它可以使人产生愉快和满足的情感体验，调动起内在的积极因素来从事各种活动，使之获得较高的工作效率。为了实现乐学的最佳效果，应该做到以下三个方面：一是将乐学与勉力相融合；二是内乐与外乐相统一；三是成功和快乐相交融。

（四）良好的学习品格是培养学习能力的保障

学习的过程中，智力因素是至关重要的，因为它涉及学习方法所需的具体技能、技巧和方法。除此之外，学习品格作为一项非智力因素，是学生在学习上主要表现，如情感、意志和性格等。大学生所具备的学习品格，涵盖了热情浓厚的学习兴趣、高尚远大的学习理想等，这些都是他们不可或缺的品质，构成他们良好学习品格的重要组成部分。后天习得的学习品格是一种潜在的推动力，它能够为学习提供可靠的保障。

二、提高大学生人际交往能力

（一）学会尊重人、关心人

人类的基本需求之一在于获得对他人的尊重、关怀与关心，一个人若对别人失去了尊重和关怀，就等于丧失了他在这个社会上生存的意义，只有在满足对他人的尊重需求时，个人才能真正感受到生命的珍贵和价值。人类本质里最深远的驱策力就是“希望具有重要性”。[①] 在人际交往过程中，每个人都想获得别人的肯定、赞赏和理解，但通常因为不懂得如何去表达自己，导致人际关系紧张甚至对立。所以，在交往的过程当中，尊重他人并时刻将其视为至关重要的准则，这是成功交往的关键所在。

在人际交往中，学生大多会表现出强烈的自尊心和自信心，但由于缺乏必要的社交技巧，也常出现一些问题。在大学生交往中，展现出对他人的尊重、关心和一视同仁的态度，同时表现出富有同情心，这是成为“人缘型”人物的首要个性品质之一。在人际交往中，由于人际关系的影响，使学生产生心理冲突，导致心理上不平衡，从而出现心理障碍，严重时还会造成违法犯罪行为。所以，大学生想要和同学成功地沟通与交往，应当展现出对周围同学的尊重和对他人的关心，这是不可或缺的。在人际交往中，应该学会倾听别人的话，探索同学所感兴趣的领域，向他们的成就致以祝贺，向他们的不幸表达同情和慰藉，如此友谊才能产生。

（二）正确认识自己和他人

当只看到自己的优点与他人的缺陷时，会产生一种自豪和轻蔑的情绪，这种情绪会导致与同学逐渐疏远，走向孤立；相反，若过于夸大自身的缺陷，则会自我贬低，不敢与他人交往。一个人能否与他人建立良好的人际关系，很大程度上取决于他是否具有正确的态度和科学的方法，大学生应该树立正确的理想目标和建立良好的人际关系，唯有以实事求是的态度认知自我与他人，才可以在交往中取得有效成果。在人际交往中，大学生应特别关注其他同学的长处，真诚地赞扬他们的优点、长处与成绩，并善于汲取其他同学的经验和长处，充分激发他们其内在的主动性，如果他们能从对方的赞许中找到自我肯定的感觉，就会感到自己的价值所在。在大学求学期间，部分学生因家庭背景、容貌、见识等因素会产生一种自我贬低的情绪，他们需要得到认可与激励，他们的生活可能会因为一句发自内心的赞美充满活力，甚至有可能改变他们的命运。以真挚的心意和恰到好处的时机，表达对他人的赞赏，有助于提升彼此的吸引力。同学之间如果有什么不

① 辉浩．掌控人脉[M]．石家庄：河北人民出版社，2020．

顺心的事，也可以向老师倾诉自己的烦恼和苦恼。值得一提的是，对事物的赞美应该是中肯的，对人的鼓励应该是真诚的，而不是毫无保留地奉承谄媚，批评要有针对性和预见性。与此同时，不能对同学的缺点视而不见，应该以朋友的身份勇于提出批评之词，在批评的时候需要对过失发生的背景进行深入分析，以确保当事人不会因此感到任何委屈或不满；讲究分寸和艺术，不可过度，以免造成伤害；该以友善的态度，及时提醒他人的错误，以免损害当事人的自尊心。

（三）诚恳待人，坦诚交流

真诚是人际交往得以延续和深化的关键，它是建立友谊的不可或缺的基础。在人际交往的过程当中，必须以真诚的态度相待，充分表达自己的想法和情感，只有这样才能真正理解对方的内心世界，也不要把对方当作敌人，要尊重他人，信任他人，这样才会产生亲近感。在交往的时候只有以真诚的态度对待他人，才可以巩固交往双方的关系，从而建立比较深厚的友谊。

（四）保持自己的个性，相互尊重，求同存异

在与同学相处的过程中，不仅应该以尊重他们的个性和习惯为前提，避免因为个性差异对他们产生冷漠和挫伤的情绪，还要注意培养良好的人际关系，建立融洽和谐的关系，使每个人都能在相互交往中获得快乐，感到幸福。除此之外，保持个性的完整性是必要的，因为只有这样才能更好地适应周围的人。在处理人际关系时，不要把自己看成是“小皇帝”，要学会换位思考，以平等的身份对待他人。在面对问题时，必须具备独立思考的能力，不能盲从他人意见，也不能固执己见，一旦出现错误，就应该真诚地承认自己的错误并努力改正。

（五）善于自我暴露，主动加强交往

所谓的自我暴露主要指的是个体运用适宜的方式，向他人介绍自己所不知道的某些特质，从而实现让他人了解和熟悉自己的最终目的。自我暴露也可以称为“自我暗示”，呈现出一种类似于名片的视觉效应——“名片效应”，即通过他人对自己某些特征或特质的认识来影响自己的态度和行为的现象。

人和人之间的互动存在一种比较熟悉的吸引力，具体而言是人们倾向于和自己熟悉、了解较多的人进行交往与行为互动。如果一个人能够及时地对自己的某

些特质或个性特点进行自我展示，就会使他人更容易接受他，从而加深他们的印象，增进彼此之间的感情。

在人际交往中，相互了解是情感产生的先决条件，因此大学生应该善于自我揭示，以便让他人更好地了解自己，从而更好地配合彼此，避免误解，促进友谊的发展。大学生作为社会体之一，就需要他们在人际交往时能够采取适当方式和方法来表达自己内心的真实感受，以求得对方理解和尊重。在人际交往中，互动是一种复杂的互动过程，然而为了使互动链得以有效运行，需要有人能够激发其内在的潜能。当人们相互交流时，就会自然而然地激活人际互动链中一些积极有效的因素，使之处于最佳状态。实际上，交际成功的人会以主动的方式激发和开启人际互动链，他们会先向他人发出友好的信号，表现出对他人的关心、帮助和问候，最终打开人际交往的大门。

三、增强大学生的抗挫能力

（一）提高认识

1. 知其必然性

因为人类天生具有持续追求的本性，人类在认知方面的能力有限，因此一个人的愿望和期待不可能都如愿以偿。挫折是每个人不可避免的生活现象和社会现实，由于挫折的必然性，必须做好充分的心理准备，深刻认识到人生不可能只是一场鲜花和掌声的旅程，更需要经历煎熬和委屈，只有这样才能够从容地面对生活中的一切困难和失败。既然人生总是充满挫折和困难，每个人都拥有这样的勇气和毅力，那么我们不应该因为过去的错误或不如意流泪，相反应该泰然处之，用积极乐观的态度去追求进步，在做任何一件事情的时候均做好充分的准备。

2. 知其两重性

一方面，挫折虽然可能带来心理上的痛苦、情绪上的困扰、行为上的偏差，甚至可能引发各种疾病；另一方面，它也能够引导个人的认知发生创造性的转变，提高解决问题的能力，并引导人们以更优秀的方式满足欲望，同时也存在一定的可能性增强对未来挫折的免疫力。成功总是与失败相伴，若我们已经经历了失败，那么最重要的是从失败中吸取经验教训，不断积累教训，逐步走向成功。

3. 知己知彼

与知己为伴，方能准确认知自我，对自身的特长、观念等方面有一定的了解，洞悉自身的长处和短处，善于发挥长处，脚踏实地，有明确的目标和奋斗目标，并为之奋斗终身。此外，我们必须时刻审视自己的思维方式，摒弃缺乏合理性的观念。知彼是指对自己有一个正确全面认识和理解的同时，深入了解社会发展和经济趋势，包括社会需求、发展机遇等，从而将现实和理想之间的差距进一步缩小。在知己知彼深入了解对方的情况后，我们应该以理性的态度进行比较，既不应该自恃，又不应该过于自满。

（二）重视抗挫能力教育，提升大学生抗挫折能力

1. 重视对大学生非智力因素的培养

人们的情绪和智商与生活层面密切相关，这些因素是影响快乐与成功的重要因素。在大学教育中应该把对大学生进行积极有效的情商培养，作为重要内容之一，大学生在面对挫折时，通过接受情感、意志等非智力因素的培养与熏陶，可以有效提升他们抵御挫折的能力。为了培养学生的同情心、挫折忍耐力等，学校应该有序地策划和组织一系列富有意义的不同类型的活动。

2. 帮助大学生认清历史使命

协助大学生明确自身的历史使命，也就是激发和培养他们对人类与民族命运的关注与责任感。在高校中开展“讲理想、比贡献”等主题实践活动，是促进大学生全面发展的重要方法。积极推进大学生爱国主义、集体主义教育活动，不断深化理想信念教育，使大学生的视野拓展至社会、世界以及人类未来的广阔领域。通过多种途径引导大学生认识祖国历史文化传统，树立远大理想和崇高信念，增强他们的责任感和使命感，借助当地丰富的人文资源，如和展览馆、纪念馆等合作，建立思想教育基地，或者定期邀请一些比较知名的专家、学者等人物作报告，以发挥他们作为榜样和示范的作用。

3. 重视培养和提高大学生的辩证思辨能力

引导和教育学生，面对事物的发展，用辩证的眼光去审视，积极开展有益于提升思辨能力的有趣活动，为尽可能多的学生提供锻炼自我的平台和机会。

4. 培养大学生坚忍的意志品质

为了适应大学生意志品质发展的独有特点，需要有针对性地培养和加强他们

在抗挫方面的相关能力，以促使他们明确人生的意义与价值，同时保持积极向上的个性。通过培养他们适应与改变恶劣环境的能力，使他们具备在逆境中坚韧不拔、积极进取的优秀意志品质，同时也能够承受磨难。

5. 对大学生进行生活技能教育

生活技能主要指的是个体在日常生活中所面临的各种问题和挑战，通过采取恰当与积极的行为，展现出高效生活技能的能力，它包括自我照顾能力、人际交往能力以及解决问题的能力等方面。在父母呵护下成长的现代大学生，由于相对缺乏相应的锻炼，他们的心理和社会适应能力相对较弱，因此在面对问题时难以妥善应对，因此培养他们良好的生活技能显得尤为重要。掌握有效的生活技能可以提升个体的自尊心，减少情绪上的抑郁、紧张和焦虑等不良情绪。

第二节　当代大学生素质拓展体系的构建

大学生素质拓展计划是一项涉及面很广、互补性很强、协作性很强、操作性要求很高的复杂系统工程，有很多关键性难题需要组织各方力量来探索研究、全力破解，而大学生素质拓展体系的构建问题正是这样一个难度相对较大的重要课题。构建大学生素质拓展体系，首先需要充分借鉴第一课堂素质教育体系构建的成功经验，深入探究第二课堂活动的规律与特征；其次以构建大学生素质拓展体系为目标，进行系统梳理。最后在对国内外有关文献进行系统梳理的基础上，从理论层面分析了高校开展大学生素质拓展活动的意义，提出了建立大学生素质拓展体系应遵循的原则及基本思路。

一、实现素质拓展模块化是构建大学生素质拓展体系的基础

大学生素质拓展模块化，事实上和大学生的综合素质结构与素质教育体系紧密相连。从整体看，我国大学教育应该构建一个包括知识能力、思想品德、心理发展、实践技能和社会适应能力在内的大学生综合素质框架系统。大学生的综合素质包括多个科学文化素质、道德素质等方面，这些构成“四类十三型”结构体系，相应地，大学生素质教育体系也是由这“四类十三型”素质教育构成的。大

学生素质教育的系统整合是以“模块”为核心要素构建起来的一种新的教育理念和模式，它将对高等教育改革产生巨大影响。大学生素质拓展模块化的理论基础在于其所采用的“四类十三型”体系，这是大学生素质教育的主要组成部分。

根据大学生综合素质结构和素质教育要求，总结归纳出六个方面的大学生素质拓展，包括“思想政治与道德素养”“社会实践与志愿服务”“科学技术与创新创业”“文体艺术与身心发展”“社团活动与社会工作”“技能培训与勤工助学”六大模块，这六大模块构成一个完整的大学生素质拓展体系。其中，“思想政治与道德素养”功能模块既体现了大学生第二课堂的思想道德素质拓展，也体现了大学生第一课堂与第二课堂在思想政治教育方面的有机结合。“社会实践与志愿服务”功能模块既体现了大学生第二课堂的综合素质拓展，又体现了大学生第一课堂与第二课堂在大学生综合素质教育方面的有机结合。“科学技术与创新创业”功能模块既体现了大学生第二课堂的科学文化素质拓展和专业创新素质拓展，又体现了大学生第一课堂与第二课堂在科学文化素质与专业创新素质方面的有机结合。“文体艺术与身心发展”功能模块既体现了大学生第二课堂的身心健康素质拓展和文化素质拓展，又体现了大学生第一课堂与第二课堂在综合素质教育方面的有机结合。“社团活动与社会工作”既体现了大学生第二课堂的综合素质拓展特别是职业素质拓展，又体现了大学生第一课堂与第二课堂在综合素质教育与职业素质教育方面的有机结合。“技能培训与勤工助学”功能模块既体现了大学生第二课堂的专业素质拓展、职业素质拓展，又体现了大学生第一课堂与第二课堂在专业素质教育与职业素质教育方面的有机结合。

二、实现大学生素质拓展项目化是构建大学生素质拓展体系的重点

为了真正实现大学生素质拓展的项目化，必须遵循大学生第二课堂的活动规律与特点，把大学生素质拓展的六大功能模块以一种独特的方式，分解为具有科学性、系统性以及可操作性的项目，这是构建大学生素质拓展体系的核心所在。因此，本书以高校实施素质教育为背景，对其进行理论探讨与实践研究，旨在建立科学有效的大学生素质拓展课程体系。在对大学生素质拓展项目进行深入研究后，本书认为该项目体系包括六个主要功能模块和多个项目。

“思想政治与道德素养”分解应该符合本科人才培养方案及其课程体系的设计思路，同时严格按照第二课堂思想道德素质拓展与第一课堂思想政治理论课、哲学社会科学课教学要求的原则，从理论联系实际、主题教育与实践活动为主的角度设计，以分解出政治、思想、法律和道德素质拓展四个项目。

为了分解“社会实践与志愿服务”功能模块的项目，需要按照高校党组织、团组织、学生组织活动的规律与特点，对大学生社会实践活动进行深度的研究，充分认识和理解志愿服务工作的内涵和功能，并从深入、服务社会等角度进行设计，从而得出该模块的五个项目，包括社会实践、专业实践、法律援助、义务支教和志愿服务。

为了分解“科学技术与创新创业”功能模块的项目，不仅需要严格按照大学生科技创新和创业实践规律与特点，还需要遵循他们课外学术科技创新活动的形式与内容，在设计的时候重点强调推动他们主动参加课外学术科技创新竞赛，最终将其分解为七个项目，包括科学素质拓展、专业素质拓展、学习素质拓展、信息素质拓展、创新素质拓展、创业素质拓展和职业素质拓展。

三、实现大学生素质拓展课程化是构建大学生素质拓展体系的关键

实现大学生素质拓展课程化是全国高校在实施大学生素质拓展计划过程中遇到的难点问题，至今尚未取得实质性突破。在深入探索、实践、研究的基础上，为了真正实现大学生素质拓展的课程化，必须严格遵循大学生第二课堂的活动规律与特点，并按照大学生素质拓展项目的内涵和功能，有序把一系列大学生素质拓展项目课程化，就某种程度而言这是建立大学生素质拓展体系的重点所在。

（一）明确大学生素质拓展课程的定位

大学生素质拓展课程化的实施，彰显第二课堂与第一课堂在课程设置上的显著差异。在大学里开设第二课堂素质拓展课并不是一个新话题。大学生素质拓展课程化主要指的是将第一课堂的课程设计思路、课程内容组织、课程大纲编制以及课程实施方式等作为参考，把第二课堂素质拓展项目逐渐课程化，实现第一课堂课程的类似化。

（二）确定大学生素质拓展课程的名称

与第一课堂课程不同，大学生素质拓展课程的命名方式为“项目名称十指导与实践”，旨在强调理论和实践的有机结合，并突出实践环节的课程化特征。

（三）强化大学生素质拓展课程的特色

大学生素质拓展课程的独特之处在于，它不仅在第一课堂的时间安排上与之不同，并且在其他方面也有着显著的差异。在教学、生活、社区等领域，课程实施地点得到精心的规划和安排；体现在课程内容方面，侧重人文知识传授、技能训练及能力培养等；在校园文化与社会实践活动中，体现了对课程实施的关注和重视；在课程实施的功能方面，注重以培养学生的综合素质为目标，以此来补充和拓展素质教育的不足；在课程的组织方式方面，注重于学科竞赛、主题教育等方面，以达到更好的效果。

（四）活化大学生素质拓展课程的教材

大学生素质拓展课程的教材既是灵活多样的，又是相对稳定的。如“思想政治与道德素养”模块的四门课程主要通过配合思想政治理论课程、哲学社会科学课程来设计，主要通过主题教育和专题实践活动来实现课程教学目的，因而，其教材内容需要紧扣形势政策教育内容而系统安排、灵活多样、逐年变化。如“科学技术与创新创业”模块的七门课程主要通过配合专业基础课程和专业课程教学来设计，主要通过课外学术科技创新活动和各类课外学术科技创新竞赛来实现课程教学目的，因而，其教材内容需要紧扣各类课外学术科技创新竞赛内容而系统安排、相对稳定。

四、实现大学生素质拓展体系化是构建大学生素质拓展体系的核心

（一）完善大学生素质拓展课程体系

大学生素质拓展计划的深入实施，为课程体系的构建提供了强有力的支撑。在基于六大大学生素质拓展课程模块的基础上，进一步完善了“大学生素质拓展导论”和“大学生素质拓展评价体系概论”两个课程模块，逐渐形成大学生素质拓展课程体系。

（二）完善大学生素质拓展实施方案

这类方案能够为推进大学生素质拓展计划的深入实施，提供相对可靠的实施方案支持。在持续完善和优化大学生素质拓展课程体系的重要基础上，综合思考之后制订一份科学、合理以及全面的大学生素质拓展实施方案，其中包括三十三门课程的课程内容、考核方式等，以确保每一位大学生均可以明确每学期素质拓展计划的意义、目标。

（三）完善大学生素质拓展实施环节

为确保大学生素质拓展计划的顺利实施，需要不断完善、加强和优化大学生素质拓展的实施环节。通过对学生在校期间开展素质拓展活动情况调查分析，发现目前大学生存在着“重专业轻能力”“重技能轻素养”“重专轻文”“重实践而轻理论学习”的倾向。首先，按照大学生素质拓展计划规定的职业设计指导、素质拓展训练、建立评价体系以及强化社会认同四个实施环节，在大学生入校教育的时候，进行全员学业生涯和职业设计的正确指导，并且要求每一位大学生按照自身素质拓展的实际需要，对四年的素质拓展计划进行合理、科学地制订；其次，按照个人素质拓展计划选修适合自己的素质拓展课程，接受每学期的素质拓展训练与课程考核，最终的考核成绩被记录于《大学生素质拓展成绩登记表》。在大学四年级的最后一个学期，每一位学生都接受了素质拓展综合评价考核，最终获得了一份名为《大学生素质拓展证书》的证书；最后，每一位大学毕业生都会向雇主或者用人单位提供一份名为“大学生素质拓展证书”的文件，以获得雇主和社会对其素质拓展成绩的认可。

第三节　当代大学生素质评价的指标体系

素质教育评价是素质教育及其管理过程的重要环节，它通过评价的诊断、选择、研究、导向等职能的发挥，对素质教育过程和管理过程进行反馈，保证其沿着提高民族素质的根本宗旨的方向正常运行。本章先讨论素质教育评价与“应试教育”评价的区别，然后讨论素质教育评价的层次内容以及提高合理性的原则要求，最后对素质教育评价制度进行简要的讨论。

一、素质教育评价的内涵

（一）素质教育评价的概念

评价是主体把握客体对主体的意义和价值的一种经常性的观念性活动，它存在于人类实践活动的各个方面和各个环节。素质教育是旨在满足主体需要并依据客观规律进行的实践活动，必须既符合目的性，又符合规律性，是合目的性与合规律性的统一、素质教育评价，就是依据素质教育的目的和规律的统一尺度对素质教育活动及其成果的价值作出合理判断。

价值是一种关系，是相对价值主体的客体属性满足主体需要的一种关系。客体属性满足主体需要的程度，决定着客体价值的高低。

教育活动中的价值关系既是多层次的，也是多类别的，对此，吴钢先生曾作过专门研究并有深刻阐述。

1. 多种属性表现出多种不同的教育价值

如果一堂数学课的教师在教学的过程中具有科学、逻辑、生动的特性，同时具有启发性和趣味性为特点，引导学生积极参与教学活动，那么这堂课就具备多种属性，可以将多种不相同的教育教学价值展现出来，如推动学生在认知能力发展的认知价值等。

2. 多种属性表现出同一教育价值

无论是在课堂教学、学校生产劳动和课外活动中，还是在指导学生自学的过程中，都能够体现出促进学生认知能力发展的价值，是促进学生认知能力提升所必须具备的条件。即便在思想品德教育的课堂上，只要传授学生科学知识，就能够体现出推动学生认知能力发展的教育价值。

3. 某一属性体现出多种教育价值

实际上，在教育中因为不同主体所处的状态与需求水平的差异，对某一特定属性的满足程度也呈现出多样性，这种需求差异就形成人所特有的教育功能——教育价值。如学生在语文课中能获得将语文知识运用于其他学科学习的教育价值，同时也能通过训练思维能力和审美教育，提高文学素养与审美能力。不同的学生可以获得不同的满足，也可以同时获得多方面的满足。[①]

① 吴钢．现代教育评价基础[M]. 上海：学林出版社，1996.

评价活动是由主体、客体、中介构成的，评价活动中的客体就是价值关系的客体，但评价活动的主体却未必就是价值关系中的主体，二者可能同一，也可能不同一。例如，任何一位拥有言论自由的公民都会作为评价主体对教育作出评价，他既可能站在个人立场上，以教育能否满足一己利益为尺度进行评价，此时的评价主体与价值主体是同一的；他又可能站在整个社会的立场上，以教育能否满足整个社会需求为尺度进行评价，此时的评价主体仍是他个人，而价值主体则是整个社会。这样，站在不同立场、依据不同标准对教育所形成的不同认识和评价，人们就构成不同的教育价值观。

素质教育评价，就是依据一定的原则和方法，正确地揭示出素质教育过程中的各种价值关系。素质教育的根本宗旨是提高整个中华民族的素质，这也是素质教育评价的最高标准。凡是站在国家和民族根本利益的立场上（合目的性），以能否有效地（合规律性）促进受教育者素质发展为根本标准的教育评价，就是素质教育所要求的评价。

（二）与“应试教育”评价的区别

素质教育评价服从并服务于提高民族素质的宗旨，就是说，素质教育评价并没有一整套特殊的方法模式，它所采用的，也就是一般教育评价的所有常规方法；区别于常规的教育评价的，主要是它崭新的评价指导思想。这里试从评价理念、目的、方法、效果等方面讨论素质教育评价与“应试教育”评价的区别。

1. 评价理念的区别

传统的教育评价理念，坚信学生是有差异的，学生的差异是可以精确划分的，这种划分可以学生的学习成绩为依据，具体就是根据“标准答案”判定的考试分数为标准，这是最客观、最准确的划分。因而，学生的考试分数一般总要精确到1%，有时甚至达到1‰乃至更低。这1%、1‰的细微差别可不容小觑，它不仅能够评价不同学生的高低，将学生排列名次，而且能决定学生是否能升入高一级学校。这里的“是”与“否”，界限分明，不容模糊，在关键时刻常常成为学生人生道路的分化点。

素质教育的评价不排除在一定场合（如选拔性考试）使用百分制，也不排除选拔性考试中划定“起分线”，但并不认为这条人为划定的“起分线”就是决定学生能否成才的“分水岭”。素质教育以所有学生都能成才为最高理念，它通过评价重在帮助学生选择不同的发展方向和成才之路；“起分线”只是为不同学生安排了不同的奋斗路径，在即将到来的学习化社会，成才之路是立体的、网络化的，每个有为青年都能通过带有自己色彩的方式实现自己的人生价值。

2. 评价目的的区别

教育的构成要素之一是评价，评价的主要目的是实现教育的宗旨。在一定意义上讲，评价与教育目的之间存在着内在的必然联系，评价反作用于教育目的。不同的教育目标导致了不同的评价标准。

教育评估的目标应该是全面的，如诊断、筛选等方面，然而对于“应试教育”的评估，大多数仅限于选择，更确切地说是选拔，即怎么样有效选拔出适合接受更高层次教育的人才，这种选拔曾是对贵族世袭制的挑战，确实在一定程度上改变了部分普通人的社会地位。相较于单一的“应试教育”评价目标，素质教育评价的目的具有多元化的特点。

（1）对一个地区或一所学校的教育性状作出准确判断

通过引导其摆脱盲目的被动，从而实现自我意识的主动，这将有助于他们迈向更高的境界。随着《关于深化教育改革全面推进素质教育的决定》的颁布，“素质教育”在某些地方逐渐成为随意张贴的标签，这使得素质教育的呼声震天动地。素质教育的概念是非常宽泛的，它包含许多内容，主要指面向全体学生的教育。

对一个地区或学校的教育思想与模式的判断，不能只依赖表面的陈述，应该深入挖掘其内在的本质，只有真正落实素质教育才有可能使我们的教育事业健康发展。对一个地区或一所学校的教育工作，素质教育评价的首要任务是从整体的角度，评价学校或者地区的教育工作，同时分析和评判部分似是而非的现象，从多个角度、多个层面对其实施的素质教育进行实事求是的评价，以帮助该地区或者学校减少盲目性，同时使自觉性也得到相应的提升。

（2）依托评价进行研究

素质教育的评估过程，涵盖了对实践、理论和政策方面的深入研究，在这一过程中，理论研究与实践研究相互渗透、相互作用。通过评估受教育者素质发展的实际状况，聚焦于对现行教育措施的成效进行价值评估，为改进教育措施提供了切实可行的依据。政策研究则是从国家层面或地方层面上，对实施素质教育所需要的各种条件及其相互关系作宏观把握与分析，并提出具体建议与对策。政策研究主要从社会背景、政治制度等方面分析实施素质教育所面临的困难及障碍，并提出相应对策建议，以确保素质教育得以顺利推进。理论研究不仅包括检验素质教育理论的观点，而且包括进一步总结和提炼评价过程当中发现的经验，并且将其上升为一种理性的认识，以达到更高的水平。对于素质教育评价而言，必须对以往的教育政策法规进行重新审视，以确保为现行政策的及时调整和新政策的制定提供更加坚实和可靠的基础。

（3）对学生进行评价

通过对学生的合理评价，制定新的教育措施，改进教育工作，以推动受教育者素质的全面发展，这是现代教育理论和实践所追求的最高境界。对学生来说，评价的直接目的在于弥补不足，发扬优点，弥补缺陷，从而实现长远的成功，因此在制定教学方案时，首先必须考虑每一位学生的实际情况和可能达到的水平；其次，为了确保每一位学生都能得到最适宜的充分发展，需要坚持以相同的教育目标为基础和前提；最后，针对不同的学生提出符合他们发展的个性化要求，以发掘他们优势，获得长足的发展。

教师必须根据教学需要和培养目标，选择适当的方法，运用科学方法对学生作出正确的价值判断，并未为了进行全面的“诊断”，必须同时进行评估和分析。教育实际上是一项塑造受教育者的具体过程，每一项教育目标和计划都应该引发学生的某些转变，所以实施素质教育就必须根据受教育者自身条件及环境状况制定相应的标准，然后再加以检查评估，以便及时纠正偏差，不断提高。

素质教育评价是一种系统性的证据收集方式，通过对受教育者实际发展情况的精细、深度分析，教师可以根据这些分析结果，对未命中的目标进行针对性的补充，从而最大限度地减少和避免学生在发展过程中出现缺陷的积累。为了确保素质教育目标的完美实现，学生需要全面了解自我，积极进行自我调节和改进。与此同时，素质教育还能推动各类教育要素的提升，如课程设置、教材编写等方面。

3. 评价方法的区别

评价“应试教育”的方式比较单一，可以说只有一种形式，即以书面形式的考试，这种考试制度在一定程度上阻碍了教育改革和教学事业的健康发展，必须进行变革。素质教育虽然并不会将书面考试排除，但是其指导思想可以促进和激发学生主动性和积极性发展，同时在具体实施方法上也呈现出多样化和创新性的特点。

鉴于评价对象的复杂性，单一形式的评价很难真正恰如其分地评价结论，所以在素质教育的评价之中，形式的多样性显得尤为重要。在对素质教育分类时，可以依据不同类型来选择相应的方式方法。就评价素质教育的组织形式来说，可以将其分为“他评”（外部评价）和“自评”（内部自我评价）两方面，前者是指由学校或社会组织对教育教学活动的客观公正的价值判断，分为三种形式，分别是教师的评价、学生之间的互相评价以及家长的评价，并且教师的评价在“他评”中，不仅具有全面性、客观性，而且具有一定的权威性。学生通过进行互评可以借助角色的转换，获得自尊心的满足，从而提高对是非的比较和评判能力。家长评价给孩子提供了更多的机会，也是对老师教学过程及行为进行监督和评估的一种方法，有助于加强师生间的交流与合作，通过对家长评价，可以使他们深入了解学校教育的具体要求，从而保持家庭教育与学校教育的连续性与一致性，进而促使学生养成良好的行为“自评”在评价中作为一种重要的方法，可以培养学生的自我认知和自我教育能力。所谓自我评价，就是在教师指导下，对自己客观公正、准确全面地判断和评定，通过培养学生自我评价的习惯，可以有效避免单纯采用“他评”方式所带来的对立情绪，最终使评价效果得到较大幅度的提升。因此，在课堂教学评价时，教师要根据教学目标和教学内容设计出恰当的评价内容、形式、标准，并运用多种教学方法使之得以实施，以达到预期目的。在素质教育中，各种行之有效的方式和方法被视为至关重要的方法。

由于素质教育评价和“应试教育”评价之间的差异性，导致了两种完全不相同的效果，这一点是毋庸置疑的。在当前基础教育中，“应试教育”评价仍然占着主导地位，并成为广大教育工作者和家长关注的焦点问题之一，并且随着素质教育的发展，许多有见识的人对于“应试教育”所带来的负面影响感到担忧。

在推动学生身心发展的时候，评估和教育都非常重要，原因是无教育的评价与无评价的教育，均无法完全有效地促进学生的健康发展与成长。在素质教育评价之中，应该重点强调和突出评价的发展性功能，借助科学的评价方式，进一步推动学生素质的全面发展。

二、素质教育评价的体系内容

对于素质教育的评价而言，应当注重客观评估各种条件与措施对学生素质发展的影响，以推动作出改善与优化，从而使学生在改善和优化后的社会条件与教育环境中得到更加全面的发展，为此必须建立起与之相适应的素质教育评价体系。素质教育的评价被分成三个不相同的层次，即微观评价、中观评价以及宏观评价，分别侧重于教育成功、教育行为以及社会环境，它们相互之间虽然侧重点不同，但是又有十分紧密的联系，共同构成素质教育评价活动的整体。

（一）素质教育社会环境的评价

1. 对政府主体意识的评价

评价各级政府是否树立起强烈的主体意识，真正成为当地素质教育的责任主体。要评价当地政府是否已将教育发展纳入当地两个文明建设的轨道，纳入现代化建设的整体性布局，切实把教育当作先导性、全局性、战略性的知识产业和关键的基础设施，摆到优先发展的战略重点地位。评价政府部门是否真正站在“科教兴国”的战略高度，从经济建设和社会发展的需求出发自觉地抓好素质教育。

2. 对政府办学条件的评价

评价地方政府是否设法提供义务教育阶段办学条件，包括义务教育学校的校舍、场地及教育教学设施是否齐全，能否正常使用；相对比较薄弱学校是否得到有效的改造；学龄儿童能否按时入学并读满规定年限，学生中途辍学现象是否得到有效控制；教育经费投入是否做到“三个增长”，是否足额发放教师工资；辖区内教育结构是否合理，高中阶段教育的发展速度如何等等。

3. 对政府教育思想的评价

评价地方政府的主要领导干部是否具有正确的教育思想，并以此引导当地公众，《关于深化教育改革全面推进素质教育的决定》要求各级党委和政府及其有关部门紧密合作，共同营造有利于实施素质教育的政策环境，注重和强调深入研究新情况与新问题，积极鼓励大胆实践，充分尊重群众的创新精神。不断加强对教育科学研究的重视程度，同时借助各种方式努力提升政府决策与管理的科学性和有效性。要着重考察和评价地方政府是否达到了该决定的这一要求。

4. 对政府是否依法治教的评价

评价地方政府能否坚持依法治教，为教育改革和发展提供良好的社会环境。具体包括评价地方政府是否已经建立健全贯彻执行教育法律的督导检查制度，着重考察这一制度的实际效果；评价当地宣传教育部门和大众媒介在对青少年进行爱国主义、集体主义、社会主义的思想教育，帮助他们树立正确的世界观、人生观、价值观方面所做的努力和实际效果；评价社区内学校教育、家庭教育的社会教育的协调、沟通情况；评价社区内推进终身学习体系的进展情况，特别是当地政府架设人才成长“立交桥”所做的努力和实际效果。

（二）学校实施素质教育的评价

1. 全面工作评价

学校全面工作评价可分为两大层次。

第一层次是对学校实施素质教育的自觉性、坚定性的评价。不仅要从认识上考察学校负责人和全体教职员工对教育方针的理解，而且要着重考察学校在实际工作中贯彻教育方针、实施素质教育的自觉性和坚定性。这里的自觉性是指学校教职员工能深刻理解自己所从事的教育工作对于整个民族素质的意义，能主动地创造性地运用教育规律提高学生身心素质。这里的坚定性，是指学校教育工作者的一种独立自主的意志品质，能够以学生身心健康发展为重，从国家和民族的长远利益出发，不惜舍弃学校局部和个人的暂时利益。

第二层次是对学校实施素质教育的科学性、有效性的评价。这方面的评价大体包括以下内容。一是对学校自然环境和物理环境的评价，包括考察学校周围有无影响学生人身安全的潜在威胁，有无影响学生身心健康的各种污染（包括辐射污染）；学校校舍以及其他教育设施的数量（总量和人均占有量）和质量是否达到规定的标准，能否正常发挥功能和效益等。二是对直接影响素质教育的各种要素的评价，包括对教育者、教学内容和教学手段，即教师、课程与教材、教法的评价。三是对教育活动的评价，包括对课堂教学的评价、课外学科小组和班级团队活动的评价、学生会活动的评价、学校行政的评价等。四是对班级集体、教师集体及学校整体的目的、组织、纪律、风气等方面的评价。五是对学校管理，包括学校行政、教学、生活等领域管理的评价。要着重评价学校管理人员的素质状况、管理机制运行的状况、师生员工参与管理的程度以及管理效果等，还要评价学校在社会上的影响与声望。

2. 学校特色评价

要评价学校特色，首先需要规范对学校特色概念的理解。所谓学校特色，不是指学校办几个特长班、运动队或兴趣小组。学校的特色主要指的是学校独有的特色，不仅具有一定的弥散性，还展现在学校工作的各个方面与所有环节之中，既是学校在特定时空范围内创造的一种独特的优良品质，又是其他同类学校所无法或不完全具备的。学校特色以独具匠心的教育理念为重要灵魂，始终贯穿于学校的教育管理工作当中，彰显出独具特色的校风，最终逐渐成为全体毕业生身心素质的显著特征。学校的特色化发展是一项系统工程，必须建立一套科学完整的管理运行机制，才能确保其顺利实施。学校特色的形成需要教师、校长以及广大教职工的共同努力，同时也离不开社会环境及家庭等方面因素的支持和配合。学生的个性与学校的特色相得益彰，共同构成学校的独特魅力。学生个性是由个人特质所决定的一种心理倾向，学生的个性发展在学校特色的影响下可以得到有效促进，只要学校特色得到充分发展。学校特色建设是一种文化现象。学校特色建设的核心在于充分挖掘和利用自身所拥有的优势资源，以此为基础打造出独具特色的管理模式。学校的一切工作都要围绕着如何更好地发挥其优势资源这个主题展开，并以此为核心来指导实践，只要始终坚持以本校的实际情况为基础，将本校的优势资源充分发挥出来，就可以塑造出一种独特的教育办学特色，即“人无我有，人有我优”。

对学校特色的评价要重视办学成果的评价。学校特色成果是学校特色运行过程的终端，它全面地包含着方案设计和实施的全部内容，是学校特色评估的核心部分。成果评价主要看在学校特色形成过程中，学校成员同时形成哪些办学上的新认识，有否同时形成相应的独特校风，学生有否形成相应的个性特征（勤劳、勇敢、俭朴、求实、富于创造性等），对实践中总结出来的新认识是否进行了论证和进一步的检验，以及学校特色受到社会或主管部门肯定、表彰、奖励的情况等。评价也要重视过程，过程是方案转化为成果的中介。

（三）学生素质发展状况的评价

学生素质发展状况的评价是素质教育评价中的出发点、基础、重点和归宿。

教育的根本目的是多出人才，出好人才，提高民族素质，这也是教育评价的根本目的。同时，面对特定的结果进行正确的“归因”，是教育评价最普遍最常用的方法，因为要从外部对变动不居的教育过程进行监控和评价，不是随时随地都能做到的，但可以把某一阶段学生素质发展的状态看作此前流动着的教育过程的“物化”形式，以此作出正确的推断。

1．全面素质评价

对学生的全面素质的综合评估主要包括全面、系统地评价学生素质结构的各个组成部分以及整体水平，它涉及教育思想、教学目标和教学内容等方面，因而具有综合性强、难度大的特点。此处所指的“全面”可以说是最为基本的要求。

在第一层次上，首要目标在于评估学生在道德、智力、审美等方面的全面发展水平。

在第二层次上，从认知、素养等角度对德智体美劳进行综合评价，如评价学生劳动技术素质的时候，除了需要考查学生是否全面理解和掌握必要的劳动知识、技能等之外，还需要考查学生对劳动与劳动人民的态度与认知。

在第三层次上，是在对某一具体项目进行评价的过程中，必须坚持全面、综合的观点，以确保评价的全面性和准确性。从实际情况出发，根据不同的目的和要求，采取各种方法来综合考虑，作出科学的评价。如评价学生智力的时候，必须避免片面的观点，因为这可能会忽略学生的全面发展和潜力。

2．个性发展评价

评价学生的个性特征，不仅是为了更好地因材施教，而且是为了及时发现学生在人格方面的障碍，从而推动学生心理健康的发展，所以要以积极健康的态度对待每个学生，尊重他们的人格差异。学生的个性心理特征在大学期间，处于蓬勃发展的阶段，同时也是形成人格障碍的至关重要的时期，在这个阶段如果教师只关注学习成绩，忽视了对学生人格特点的考察、分析与评价，就容易导致教育工作出现失误。目前，部分学生存在攻击、厌学等一系列问题，这些基本源于人格上的障碍，而非品质和纪律方面的问题。因此，重视学生的个性特征评价，具有十分重要的现实意义，不断加强对学生个性特征的综合评价，可以及时发现与确认他们人格障碍，并进行及时、有效的心理疏导。除此之外，在素质教育中，对学生个性特征的评价同样具有至关重要的作用，素质教育的核心目标之一是促进受教育者个性的健康成长，因此教育者需要全面、系统地评价和了解受教育者的实际素质发展状况，更需要重点评价和了解受教育者个性和特长的发展趋势和状况。

在人的个性当中，性格扮演着至关重要的角色，它是一种坚定的态度和行为方式的结合，以便更好应对客观现实。知道了一个人的性格特点，即可在一定程度上预知人在什么情况下将会采取怎样的态度和行动。通过个性评价了解学生性格类型，对于有针对性地实施素质教育具有重要意义。

能力是人们成功地完成某种活动所必需的个性心理特征。对能力的测量包括四个方面分别是一般能力测验、特殊能力倾向测验、多重能力倾向测验和创造力测验。一般能力就是指在不同种类的活动中表现出来的共同能力，大致包括观察力、思维力、想象力、记忆力等。在从事某一特定领域的活动时，必须具备多种能力的有机结合，这种结合被称为“特殊能力”。特殊能力倾向是一种综合了智力与非智力因素的综合性智力因素，它具有稳定性、可变性等特点，并受社会文化环境和自身素质影响较大。能力倾向测验作为一种介于成就测验与能力测验之间的测试工具，旨在评价学生的潜在学习能力和学术发展方向。特殊能力倾向测验的目的在于评估个体在特定专业领域中所表现出的潜在能力倾向，以探索学生个人在某些领域可能取得的成就，最终为学生的选修课程、兴趣活动等方面，提供相对可靠的参考依据。目前，国内外关于能力倾向测验研究较多的是多重能力倾向测验，通过编制一套多重能力倾向测验，可以同时对多种能力倾向进行测量，从而全面评估个体的综合素质。创造力是指产生新思想、发现和创造新事物的能力，包含独特性和创造性两个基本特征。创造力的测验主要是针对智力测验的某些不足而提出的，目前编制的题目多属开放型题目，评分带有一定主观性，尚处于研究阶段。

三、大学生素质评价的指标体系

（一）思想道德素质评价指标体系

大学生思想道德素质包括政治素质、思想素质、法律素质、道德素质 4 个二级指标，其评价指标体系如下。

1. 政治素质

三级指标：基本政治素质、政治理论素质。

观测点：基本政治素质的观测点包括政治认知与政治评价（政治意识、政治立场、政治方向、政治观点、政治态度、政治情感、政治价值）、政治能力与政治作风（政治敏感力、政治洞察力、政治鉴别力、政治参与能力、政治行为、政治人格、政治纪律、政治忠诚）、政治理想与政治信念（政治信仰、政治追求、政治理想、政治信念）；政治理论素质的观测点包括马克思主义基本理论修养、马克思主义中国化理论修养、政治基础知识、形势政策知识。

2. 思想素质

三级指标：思想认识、思想情感、思想方法。

观测点：思想认识的观测点包括世界观、人生观、价值观；思想情感的观测点包括爱国主义精神、艰苦奋斗精神、励志精神、和谐精神；思想方法的观测点包括辩证思维方法、分析与综合方法、归纳与演绎方法、比较鉴别方法等科学思维方法。

3. 法律素质

三级指标：法律意识、法律知识、法律能力、法律情感。

观测点：法律意识的观测点包括法律观念、法律观点、法律态度；法律知识的观测点包括一般法律理论知识、具体法律知识；法律能力的观测点包括学法能力、守法能力、用法能力、护法能力；法律情感的观测点包括认同法律、尊重法律、热爱法律的程度。

4. 道德素质

三级指标：道德意识、道德规范、道德修养。

观测点：道德意识的观测点包括荣辱意识、诚信意识、责任意识、感恩意识、纪律意识；道德规范的观测点包括社会公德、职业道德、家庭美德、传统美德；道德修养的观测点包括真诚待人、团结协作、助人为乐、尊老爱幼。

（二）科学文化素质评价指标体系

大学生科学文化素质包括科学素质、文化素质两个二级指标，其评价指标体系如下。

1. 科学素质

三级指标：科学知识、科学能力、科学方法、科学思想、科学品德、科学精神。

观测点：科学知识的观测点包括科学经验知识、科学理论知识、科学发展知识；科学能力的观测点包括科学基本技能、认知能力、实践能力、创造能力：科学方法的观测点包括个别领域和学科所采用的特殊研究方法、自然科学的一般方法、适用于一切科学的哲学方法；科学思想的观测点包括辩证唯物主义观、科学自然观、科学价值观；科学品德的观测点包括科学动机、科学兴趣、科学情感、科学意志、科学作风；科学精神的观测点包括求真求实的精神、规范严谨的精神、批判创新的精神、坚韧不拔为科学献身的精神。

2. 文化素质

三级指标：文化观念、文化知识、文化能力、人文精神。

观测点：文化观念的观测点包括文化意识、文化态度、文化习惯；文化知识的观测点包括文学知识、史学知识、哲学知识、艺术知识、语言知识、综合文化知识；文化能力的观测点包括文化运用能力、文化交流能力、文化创造能力；人文精神的观测点包括民族精神、时代精神、集体主义精神、敬业精神。

（三）身心健康素质评价指标体系

大学生身心健康素质包括身体素质、心理素质两个二级指标，其评价指标体系如下。

1. 身体素质

三级指标：体质基础、保健意识、保健知识、保健技能、保健习惯。

观测点：体质基础的观测点包括力量、速度、耐力、灵敏、柔韧等要素；保健意识的观测点包括体育锻炼意识、终身体育观念、卫生保健意识、卫生保健观念；保健知识的观测点包括体育锻炼知识、军事训练知识、卫生保健知识、综合体育知识；保健技能的观测点包括体育锻炼技能、军事训练技能、卫生保健技能、综合体育技能；保健习惯的观测点包括体育锻炼习惯、卫生保健习惯、工作生活习惯。

2. 心理素质

三级指标：性格品质、心理能力、心理动力、心理健康状况、社会行为适应性。

观测点：性格品质的观测点包括现实态度（对自己的态度、对他人的态度、对学习的态度、对工作的态度、对生活的态度、对事物的态度、对社会的态度）、情绪表现、意志表现、行为表现；心理能力的观测点包括认知能力（感知能力、记忆能力、思维能力、想象能力、注意能力、创造能力）、心理适应能力（自我意识能力、自我发展能力、人际协调能力、环境适应能力、社会适应能力）；心理动力的观测点包括需要、兴趣、动机、信念、理想；心理健康状况的观测点包括认知是否正确、情绪是否正常、性格有无缺陷、心理有无障碍；社会行为适应性的观测点包括由个体心理素养、心理健康状况、环境压力等因素引发的行为表现。

（四）专业创新素质评价指标体系

大学生专业创新素质包括专业素质、学习素质、信息素质、创新素质、职业素质 5 个二级指标，其评价指标体系如下。

1. 专业素质

三级指标：专业意识、专业知识、专业技能、专业精神、专业发展相关素质。

观测点：专业意识的观测点包括专业认知、专业敏感性、专业观念、专业态度；专业知识的观测点包括专业基础知识、专业基本理论、跨学科专业理论知识、综合交叉学科专业理论知识；专业技能的观测点包括专业基本技能、专业技术能力；专业精神的观测点包括专业思想、专业理念、专业思维、专业习惯；专业发展相关素质的观测点包括专业心理素质、专业道德素质、专业人文素质、创新发展素质。

2. 学习素质

三级指标：学习意愿结构、学习知识结构、学习能力结构、学习品质结构。

观测点：学习意愿结构的观测点包括学习意识、学习目标、学习态度、学习习惯；学习知识结构的观测点包括学习观、学习基础知识、学习道德；学习能力结构的观测点包括学习能力、学习策略、学习方法、学习效益；学习品质结构的观测点包括学习动机、学习兴趣、学习情感、学习意志、学习风气。

3. 信息素质

三级指标：信息意识、信息知识、信息技能、信息道德。

观测点：信息意识的观测点包括信息主体意识、信息更新意识；信息知识的观测点包括信息理论知识、信息技术知识、信息系统知识；信息技能的观测点包括信息检索、信息获取、信息评估、信息加工、信息组织、信息利用等技能；信息道德的观测点包括信息交流与传递规范、信息交流与传递责任、信息法律法规遵守。

4. 创新素质

三级指标：创新意识、创新思维、创新能力、创新精神、创新人格。

观测点：创新意识的观测点包括创新认知、创新情感体验、创新行为倾向；创新思维的观测点包括发散思维、形象思维、联想思维、直觉思维、求异思维、立体思维、逆向思维；创新能力的观测点包括智力因素、创新技能、创新方法；创新精神的观测点包括创新思想、创新文化、创新态度；创新人格的观测点包括创新动机、创新兴趣、创新情感、创新意志、创新性格。

5. 职业素质

三级指标：职业意识、职业能力、职业道德、职业情感。

观测点：职业意识的观测点包括职业观念、职业规划、职业期望；职业能力的观测点包括职业适应能力、职业发展能力、创业能力；职业道德的观测点包括爱岗敬业、职业良心、职业诚信、职业规范；职业情感的观测点包括职业认同感、职业荣誉感、职业责任感、职业敬业感。

第四节　当代大学生素质评价的指导办法

“他山之石，可以攻玉。”任何理论研究，都是站在前人已有研究成果基础上进行的；一项成功的研究成果，更是需要建立在一定的理论架构之中，方能丰富研究的“血肉”。大学生综合素质评价也必然要以现有学科理论和研究成果作为根基和指导，否则将成为空中楼阁、无本之木，难有大成。因此，对大学生综合素质评价的研究，就要以马克思主义关于人的学说作为理论指导，以教育学、心理学作为丰富的理论资源，从而奠定大学生综合素质评价体系构建的理论基础。

一、大学生综合素质评价的理论依据

（一）马克思主义关于人的全面发展理论

在客观世界里，当人类意图改造世界时，世界也同时在改造人类自身。或者说，人类在改造世界的过程中发现了自身存在的弱势与不足，进而不断完善自身，以适应世界的不断发展，从而在改造世界的进程中显得更加得心应手。

1. 对大学生的需要的全面发展进行评价

现代社会中人的需要具有丰富性和多面性，但从整体发展趋势而言，人的物质需要的紧迫性逐渐下降，而精神需要则逐渐上升。这也正是社会主义条件下人的全面发展呈现的一大特征。马克思曾经指出："人的需要的丰富性，从而生产的某种新的方式和生产的某种新的对象在社会主义的前提下具有何等的意义：人的本质力量的新的显现和人的存在的新的充实。"① 人类的需求应该是多元化与丰富的，不仅要有物质方面的需求，还应该包括社交关系与精神生活的不同社会需求，同时也应该有自我实现与发展的自由需求等方面，这些需求应该以一种独特的方式逐步融入人类现实需求的整体。物质需要是最基本的需要，是精神需要的基础，但不是大学生综合素质评价的着重点，因为大学生普遍属于无经济来源的个体。精神需要包括认知、审美、道德、情感、信仰和社会评价等方面的要求，是大学生综合素质评价的重点部分，能够反映出该群体的整体水平。

2. 对大学生的实践活动及其能力的全面发展进行评价

实践是人类以自我意识为主导的自发劳动实践。劳动也是社会历史活动的主体要素之一，它具有社会性、能动性、目的性等特征。人类的生存和发展离不开劳动，它是推动人类前进的动力和基石；劳动不仅表现为一种社会活动，而且还是一个创造过程，是人的全面发展的主要标志。人类的根本存在方式在于进行劳动。作为一种社会形态，劳动不仅为人的全面自由地发展提供了可能，而且对整个人类文明的进步产生了深远的影响。人类以劳动为方法，通过对客观世界的改造和对自身的改造，在不断地劳动发展中实现了自身的进步和发展。人的能力的形成与提高必须以劳动为前提，劳动作为一种基本生活方式对个人的成长有着不

① 马克思．1844年经济学哲学手稿[M]．中共中央马克思恩格斯列宁斯大林著作编译局，译．北京：人民出版社，2018．

可忽视的作用。在生产的行为本身中“生产者也改变着，炼出新的品质，通过生产而发展和改造着自身，造就新的力量和新的观念，造就新的交往方式、新的需要和新的语言”①。

大学生是社会主义事业的建设者和接班人，他们的成长离不开实践活动，实践活动是对他们开展教育的有效方法。大学生的劳动，包括课堂学习中的脑力劳动，也包括参与课外的社会实践。实践活动对提高大学生的知识水平，增强实践能力，培养他们良好的思想道德修养具有积极作用。大学生在实践活动中的全面发展，主要体现在实践活动的具体内容与形式上达到了高度的完整性、多样性以及可变性，每一位学生都有权根据自身的天赋、特长和爱好，独立自主地自由选择实践领域，并且在这一过程当中获得成长和发展，同时促进了大学生知识与技能的增长及个性心理的完善，得以展现和磨炼自身的能力。大学生的能力结构由知识能力、智能能力、道德能力、身心能力四个层次组成，其中以知识能力为主。大学生的综合素质体现在他们所具备的能力上，可以说这些能力是大学生综合素质的重要体现。大学生的全面能力发展不仅体现在身体与智力的协同发展上，还包括意志力、思想等方面的全面提升。

3. 对大学生的社会关系的全面发展进行评价

人类的全面成长是指所有社会关系的全方位发展，包括但不限于个体、社会、经济、文化等方面的全面提升。人的社会性是人的本质力量在社会关系中的表现形态，它决定了人的全面性，并最终指向着人的全面进步。个人的全面性并非源于想象或者设想的全面性，而是源于对现实与观念关系的全面性。在人的现实生活中，存在着各种各样的社会关系，人和自然、人和社会以及人和自身的各种关系的全面发展，标志着人类社会从贫乏到丰富、从封闭到开放、从片面到全面的协调和谐可持续发展的历程。“社会关系实际上决定着一个人能够发展到什么程度。”② 个人的全面发展离不开生产力的广泛提升，也离不开人与社会交往的普遍性。因此，在大力发展生产力的基础上个人还必须积极参与各领域、各层次的社会交往活动，在普遍的社会交往过程中建立全面的社会关系，只有这样个人才能摆脱各种不同人群和地域局限，同整个社会生产发生根本联系，并且才能有力量

① 马克思．政治经济学批判[M]．中共中央马克思恩格斯列宁斯大林著作编译局，译．北京：人民出版社，1976.

② 马克思，恩格斯．德意志意识形态[M]．郭沫若，译．上海：群益出版社，1949.

来发展自己，才能成为世界历史性的、真正普遍的个人。因此，大学生综合素质的全面发展必然包括大学生的社会关系的高度丰富和发展。具体表现为大学生能够在人际交往中逐渐形成丰富而全面的社会关系，并且能够对这些社会关系具有一定的控制力，能够使之创造出和谐融洽的学习和工作环境。

4. 对大学生个性的全面发展进行评价

人的个性的发展既受社会历史条件的制约又受个体自身素质的影响。人的个性实际上是人的“主体性”和“独特性”的有机结合统一。“有个性的个人与偶然的个人之间的差别，不是概念上的差别，而是历史事实。”① 在某种程度上，人的全面成长是指具有独特个性的“个体”逐步取代“偶然个人”，以确保社会中的每一个成员都能充分发挥全部潜能与力量。人的全面发展要求人们具有独特的能力，这种能力不仅表现为个体对外界环境刺激所进行反应的速度与强度，还表现为它能够适应环境变化并不断提高自身素质的程度。每个人都有独特的个性，这是实现个人全面发展和自由的理想状态。个性是一种心理结构形式，它反映了人们认识世界和改造世界的方式。人的全面发展要求人们具有独特的能力，这种能力表现为个体对外界环境刺激所进行反应的速度与强度，还表现为它能够适应环境变化并不断提高自身素质的程度。大学生的个性发展，涵盖了独特性、自主性以及创造性等方面的全面提升与发展。

马克思主义关于人的全面发展理论在当今中国，则发展成为以人为本为核心的科学发展观。以人为本，就是以不断满足人的全面需求、促进人的全面发展作为发展的根本目的和根本动力。

综上所述，大学生综合素质评价，就是要在评价中实现大学生上述四个方面（或者更多方面）的内在统一，通过评价促进发展，使大学生的物质及精神需求得以满足，实践活动能力得以全面提升，社会关系得以全面展开，个性得以丰富和完满。

（二）教育评价理论

大学生综合素质评价，实际上是与日常教育教学相一致且具有互补性的教育活动。通过评价，使大学生在自律（自我教育和学习）和他律（学校、社会和家

① 马克思，恩格斯．德意志意识形态[M]．郭沫若，译．上海：群益出版社，1949．

庭教育）中提高自身综合素质，教育者及教育教学组织通过评价发现问题、总结经验、探索教育规律、提升教育水平；因此，大学生综合素质评价也是一种不可或缺的教育过程，是不可替代的教育活动。而教育评价理论则为大学生综合素质评价提供了丰富的理论资源。

作为一项重要的教育活动，大学生综合素质评价具有区别于其他教育活动的重要价值。通过评价，进一步明确高等教育的目标和原则，明晰素质教育的理念和宗旨，更为重要的是能够进一步促进大学生思想政治教育活动的规范化、科学化，使思想政治教育活动尤其是素质教育活动与教育目标密切相符，以促进受教育者的个性发展。而教育评价理论在一定程度上也涵盖了大学生综合素质评价的思想和方法。因此，合理地吸收教育评价理论，正可以从中寻求到大学生综合素质评价的理论根基。

1. 教育评价的概念

教育的本质是育人，大学生综合素质评价亦如是。评价是一个价值判断的活动，是对客体满足主体需要的判断。教育必须遵循适应社会发展和个人全面发展这两大规律，而大学生综合素质评价则必须遵循教育的内部规律和外部规律。教育的内部规律强调尊重大学生的身心发展规律。大学生综合素质评价旨在促进大学生的全面发展，但大学生的全面发展在其本质意义上是一个历史进程。这个进程以大学生个体的当下状况为前提和起点，并表现为不断塑造、不断发展的系列过程。个体的当下状况是其进一步发展的现实基础，因而也成为整个全面发展过程中不可逃避、别无选择的历史条件。大学生综合素质评价必须遵循这一现有条件，以人的身心发展为依托，循序渐进地开展相应的教育活动，不可一蹴而就。教育的外部规律指的是高等教育在为社会经济、政治、科学、文化发展进步服务的同时，也必然受到这些外部条件和环境的制约。这也就要求大学生综合素质评价必须在一定的社会经济、政治、科学、文化等条件下展开，孤立而行必然成为纸上谈兵。

当前，针对教育评价的定义并未达成共识。一些学者主张，教育评价是对教育活动所能满足的社会和个体需求程度的评价活动，是对教育活动的现实或者潜在的价值进行判断，以期实现教育价值提升的具体过程。教育评价就是以一定标准和方法为依据对受教育者所接受到的知识、技能及情感态度多方面的综合评定。

据美国学者诺曼·格朗伦德（Norman Gronlund）的想法，主要指的是对事物的评价，可以通过对其数量或质量的描述，并结合价值判断来实现，即评价等于测量或者非测量加上价值判断。这一观点反映了教育评价的本质属性——客观性，也体现了它的功能——促进受教育者全面持续地得到发展，因为评价是基于对数量描述进行的一种价值判断活动，所以它具有高度的客观性和准确性，是一种“量性”或“质性”的评价活动。拉尔夫·泰勒（Ralph Tyler）等人主张，教育评价是一种将实际表现和理想目标相互对照的具体过程。我国的部分学者认为，教育评价是一项基于特定社会与教育性质、教育方针、政策，对教育目标、各种教育活动的实施效果、教学任务完成情况、学生的学习成绩和发展水平进行科学评价的具体过程。

2. 泰勒教育评价原理

教育评价是在教育测量活动的基础上，逐步演化的一种评价方式。随着科学技术和社会经济的迅速发展，人类对教育的认识也在不断地深化，在其影响下泰勒于 1942 年，提出了一种以教育目标为核心的教育评价原理——泰勒原理，该原则十分明确地将“教育评价”的概念提出来，成为教育评价理论的奠基人。教育评价是通过对学生学习过程和结果的分析，了解学生在知识技能方面的表现及影响这些表现的各种因素，从而改进教学工作。泰勒教育评价的基本原理涵盖多个方面的内容，具体如下。

①为了快速提高学习指导的最终效果，评价必须以连续、定期的方式进行，将评价结果反映在教育指导上，并将教育指导的成效反映在评价中。

②为了进一步验证教育假设的有效性，学校需要运用可靠且可信的工具，对其进行客观和准确的综合评价。

③为了培养符合全面教育期望的个体，对学习者的成长和发展进行全面、综合的评价。通过评价，能够为每一位学生的辅导，最大限度地提供基础信息的“诊断”方法，最终更有效地辅导他们。

泰勒教育评价原理作为目标导向型的教育评价理论，融入了教育管理的一些理念，同时也体现出评价作为教育发展的一种方法的重要价值，这正是大学生综合素质评价可以借鉴之处。

3. 布鲁姆教育评价观

为什么评价、评价什么？目的、方向不同，对教育实践产生的导向作用不同。高度发达的国家必须积极探索途径，以提高那些能够成功完成中等和高等教育的人，在不同年龄段中所占比例的水平。所以，教育应当更加注重促进所有儿童和青年的全面成长和发展，以确保他们在未来的职业生涯中得到充分的发展和成长，为了达到这一目的，要求把教育作为一种社会职能来看待。教育的根本职能应当从单纯的选拔转向全面的发展，教育评估也应当致力于提升每个人的工作职业能力，而非仅用于英才的预测或者选拔。教育评价应着眼于促进学生的学习过程和结果，使之符合社会期望并有利于个人发展。因此，本杰明·布鲁姆（Benjamin Bloom）的教育评价理念涵盖了以下 4 个方面。

①对学生的水平与教育有效性评估的过程中，需要运用一系列的证据和方法。

②评价所包含的证据比一般期末书面考试更具有说服力，因为它提供了更多具有说服力的信息。

③评价是一项重要的辅助方法，用于确定学生在达到教育长期终极目标和学习任务目标的过程中，如何以最优的方式发展到一定水平。

④对于教学过程中的每一个步骤，评价所涵盖的反馈矫正系统都被用来评价和判断其有效性；在情况无效的情况下，必须立即实施相应的改革措施，以确保整个过程的有效性。

布鲁姆教育评价理论的突出贡献，是把教育评价划分为诊断性评价、形成性评价和终结性评价。

①诊断性评价，又叫“事前配置性评价”。这种评价在教育活动初始进行，预测学生必须具有的认知准备和情感准备。通过评价发现问题，探明趋势，以便改进和提高下一步教育工作的质量。评价内容包括认知前提评价，了解知识技能水平，以便进行前置性补偿，保证新课的顺利进行；情感前置评价，认知测试成绩差异，预先评定学生情感，以利于设计改进情感的教育方式，化消极情感为积极情感；发现有才能的学生，为他们设计一种严格的教育方案，使其求知欲得以合理满足。诊断性评价的措施，有成绩报告单，前提条件测验，学习技能、习惯调查表，情感先决条件调查表，有关能力倾向测试。

②形成性评价。在导学过程中进行的评价，是为教学设计和实施提出可行的

改进措施，具有诊断、纠正、调节、强化四大功能。形成性评价实施步骤分别是划分单元；制定单元目标；按目标要求编制形成性测试试卷（A），平行性测验试卷（B）；对单元测验分析，获得反馈信息，提出矫正方案；矫正教学，给未达要求者第二次学习机会，然后进行平行性测验。形成性评价的类型，按层次有随堂式、单元式和学期学年式。

③终结性评价。总结评价较长阶段的教育活动。评价的试题要覆盖教学内容的重点目标，有较高的信度和效度，能反映教学目标的达成度，具有改进教学的参考价值。

布鲁姆的教育思想促进了教学理论和教学改革的现代化进程，对美国及世界的教育实践都产生了深刻影响，其理论如教育目标分类重视认知、情感和动作技能，确有很高的概括性、科学性，但对创造性方面的内容涉及不够；掌握学习的策略实施过程烦琐、不经济。

4. 教育评价的功能

教育评价在教育活动中扮演着确保实现教育目标的关键角色，具有不可忽视的重要作用，并且作用的实现主要是通过其内在功能所体现的。以下是 4 个主要功能。

（1）导向功能

评价从某种程度来说是一根“指挥棒”，正确、科学的导向和社会主义的教育目标、人才培养方向相契合，对培养合格的社会主义建设者与可靠的接班人均有积极的促进意义，错误的评价导向则恰恰相反。从历史发展来看，任何时代都存在着一定的评价标准或原则，但随着社会环境变化及实践活动不断深化，作用也发生了很大改变。在整个评价过程中，应当优先考虑评价体系的导向功能，以确保评价的准确性和有效性。

（2）鉴定和选拔功能

学校与其他组织机构能够借助评价，将不同层次与能力的学生鉴别出来，以便为不同的目的进行筛选和选拔。

（3）指导功能

教育评价的内容和方法对于学生的学习、生活等都具有指导作用，并能够为教育过程提供参考，使因材施教得以实施。

（4）管理功能

教育评价的对象表面上是学生，而隐含的教育评价对象实质上也包括教师、管理者和院系、学校等，在这样一种泛评价体系中，评价也就成为管理（如学校对教师和学生实施管理）和监督（如学生结合评价过程和结果对教师乃至学校进行监督）的一种方法。

（三）素质评价理论

每一项行为都是个体心理素质在环境中的独特表现，这一理论为对个体素质进行评价提供了一种可能性。

素质作为相对稳定的组织结构之一，每个个体都有其独特的特质和表现方式。因此，在素质教育中，把素质看作是人在特定社会历史条件和教育影响下，形成的具有一定稳定性与可塑性的心理特征及品质特征。通过综合不同环境下的刺激，它能够协调个体对各种刺激的反应行为，从而形成一致的反应行为。这一理论为对个体素质进行评价提供了充分性和现实性。

实际上，素质是隐藏在个体身体上的，具有一定的内在抽象性，存在于客观世界之中。被评价者的各种信息输入可以反映出这种特性，从而根据评价标准作出相应的合理判断。这一理论为对个体素质进行评价提供了可操作性。

（四）人才评价理论

1. 人才评价理论的价值与意义

随着现代社会科技和经济的快速发展，人才评价已成为一门新兴的交叉学科，其目的在于满足对人力资源开发的迫切需求。随着知识经济时代的到来，人才评价在管理中越来越显示出其重要性，21 世纪的竞争实质上是人才的角逐，人才所带来的效益已被广泛认可。如何有效地利用人力资源，提高企业竞争力，是摆在每个企业面前必须认真研究解决的课题。对于一个组织而言，成功与否虽然取决于众多因素，但是最为关键和重要的是深度挖掘人力资源与充分发挥人的才华。可见，如何有效地进行人才的合理选拔与培养已成为摆在我们面前亟待解决的问题。在人员选拔的过程当中，首要任务是全面深入地了解一个人的能力、品德等方面，努力确保选拔结果的真实性和准确性；其次，在制订人员使用计划的时候，必须精准地了解一个人的能力结构、知识结构等情况，只有这样才能够做到人尽其才，才尽其用，使每个人才都能发挥出最大的作用。对于个人而言，事业的成就除了取决于个人的才能之外，还与个人的兴趣爱好、抱负水平等方面因素息息相关，因此深入了解自身的心理特质，对于一个人获得成功具有显著的裨益。对于组织来说，要建立一套科学、合理的绩效考评体系。不管是在选拔人才方面，还是认识自我方面，均需要运用有效的评价工具，确保评价结果的准确性和可靠性。绩效考核是一种重要且常用的管理方法，其中个人绩效考核是管理者对组织内个人工作考核方式、评价工具有效性验证，以及评价工具在不同环境下调整的必要补充和依据。绩效考核是人力资源管理最重要的组成部分之一，它通过对员工完成任务过程中行为的记录、分析、评估等判断员工的绩效水平。绩效考核的终极目标在于提升个人的职业表现，以实现组织的共同愿景，同时增强个人的满意度与未来的成就感，从而促进个人和组织的共同进步。在当今实际需求的背景下，人才评价理论和广泛应用的评价工具得到不断演进和发展。

人作为社会系统的组成部分，不仅有共同的基本特点，每个人还都有其独特之处，原因在于人的素质和职能的个体差异客观存在，同时这也是社会系统成员个性的主要体现。在现代经济发展中，人才资源成为最主要的生产要素和推动经济社会发展的动力源泉，因而如何科学地进行人力资源管理显得尤为重要。通过实行动态的追踪管理和量才用人，可以进一步激发全体成员的潜能，让他们充分发挥自己的才能，从而实现资源的最优化利用，所以在我国现阶段要大力推进人才资源开发战略，把人才工作摆在优先发展位置。对于整个社会而言，对人才的评价是一项至关重要的任务和环节，它涉及人力资源的合理配置，是对人才价值的高度重视，也是实现操作层面必然的进步。

2. 素质评价是人才评价的核心

个体的个性、思维方式等方面的差异，通常被称为“素质”，主要来源于后天环境中所获得的知识文化、技术等方面的特点。社会实践是人类心理的根源，同时也是素质逐渐成熟与发展的重要过程，通过实践与学习，可以有效弥补某些素质上的缺陷。因此，每个岗位都需要相应的人才来适应其特定环境下的职业活动，并不断地提高自身的整体素质。由于个体之间的差异性，每个人在面对同一工作时，均会展现出独特的适应能力，同时不同的职位所涉及的工作性质与特点各不相同，因此对于个人素质的要求也是千差万别。

因为素质是人类的构成因素和活动机能的重要组成部分，所以可以用数量水平来衡量个体的素质水平，如智能的高低程度之分等。素质评价是一种对评价要素进行量化测试，并根据一定等级的评价标准进行定性鉴定与判定的具体过程。素质评价就是在素质形成过程中，把影响人发展变化的各种因素综合起来加以考察与分析，从而确定其相对重要程度，为人们提供一种有效的自我诊断工具，使人们能及时调整自己的行为方向。此处的素质评价要素主要指的是心理素质要素，它由心理状态、心理特征、心理品质三方面所组成。

3. 当代社会人才评价的标准

（1）以品德修养为首要

从马克思主义的角度来看，人类的本质属性在于其所处的社会属性。人类的道德品质在这一属性中扮演着至关重要的角色，它决定了一个人的人生方向。品德修养作为一种内在素质，直接影响着一个人能否成才，并且也是成为人才的核心所在，优秀的人才必须具备高尚的品德修养，这是他们内心深处的精髓所在。人才的道德品质可以分为多个层次，从较低的层面来看，它涵盖了人才的个性心理品质与一般的伦理道德，主要表现为认真坦诚、敬业自强等；从更高的层面上来看，它所指的是人才的政治品德，如理想信念、政治敏锐性等，从侧面映射了世界观、人生观与价值观。随着时间的推移，道德作为持续演变的动态因素之一，在思想政治领域不断地注入新的元素与要求，将鲜明又独特的时代特征充分展现出来。

中华文明源远流长，礼仪之邦的辉煌历史可追溯至五千载，并且在几千年历史发展过程中，涌现出许多德才兼备的杰出人物。现今社会虽然对于人才的评判标准已经发生了翻天覆地的变化，但个人的道德修养仍然是衡量一个人是否符合人才要求的至关重要标准。在现代社会中，人们不仅要注重知识与能力的培养，而且要加强自身道德素养的提升，以适应时代发展的需求。品德高尚的个体应当具备以下素质。

①正确的世界观、人生观和价值观。作为青年学生来说，要想成为一名德才兼备的人才，就必须具备科学的世界观、人生观与价值观，这一切都离不开崇高的理想追求和坚定的理想信念。一个人的最终成就和他所持有的价值观念取向息息相关，这是一种必然紧密的关联。一个有远大理想又脚踏实地的人，必将取

得更大的成就，当一个人树立了宏伟的志向的同时，怀揣着把毕生奉献于所从事的事业，奉献于所钟爱祖国的坚定信念时，他的人生征途将会获得更多的精神动力。

②诚实守信。诚信为本，言出必行，这是中华民族的优秀传统美德。“人而无信，不知其可也”[①]“三杯吐然诺，五岳倒为轻”[②]，均皆彰显出诚信之至高重要性。在社会主义市场经济条件下，诚信已成为一个国家、一个民族生存发展的基础和保障，社会信用体系建设迫在眉睫。“一诺千金”之所以被广泛传颂，是因为它充分彰显了中华民族对高尚道德品质的追求。在当代社会，诚实守信是一种高尚的品德和品行，更是一种不可推卸的社会责任，不仅是一种伦理准则，而且是一种行为准则。随着市场经济的发展和改革步伐的加快，人们的思想日趋活跃，价值观念日益多元，诚信问题成为影响经济健康运行与和谐稳定发展的一个重大因素。在当今全球化的社会中，诚信已成为道德修养中不可或缺的重要组成部分，其作用日益凸显。

（2）以创新能力为核心

一个国家和社会科技创新能力的提升，必须建立在拥有一定的创新开拓能力的人才基础之上。培养具有开拓精神和创造才能的创新型人才，既是教育教学工作的重要内容之一，又是实施素质教育的基本要求。民族的进步和国家的兴旺发达，都离不开创新这一灵魂，若某一民族或者国家缺乏创新思维和能力，那么很难屹立于世界民族之林。可见，培养具有强烈创新意识与创新能力的人已成为各国教育改革关注的焦点。在当今社会，创新已经成为一种制胜的利器，在教育中实施素质教育就是要培养学生在创造思维方面的能力，使他们学会学习，善于思考，勇于创新。创新是由创新意识、创新思维以及创新能力所组成的。

①当代我国区分创新人才和一般人才的标志在于其创新能力的卓越表现。在知识经济时代，一个国家能否实现科技创新和经济发展，关键在于是否具备了创新型的人才。创新人才之所以值得称赞，是因为他们具备创新思维和创新意识，可以将常人无法发现的奥秘揭示出来，并在常人无法企及的领域展现出卓越的成就。

---

① 孔丘．论语[M]．成都：天地出版社，2021．

② 李白．李白诗选[M]．济南：山东大学出版社，1999．

②新兴产业需要具备创新思维和实践能力的优秀人才。计算机应用在各行各业得到了广泛普及和深入推广，自20世纪60年代起，计算机技术进入了一个高速发展的新时代，发展速度之快令人惊叹。这场由计算机和互联网所引发的产业革命，不仅改变着人们的生产生活方式，也进一步推动了社会生产力的快速发展。迄今为止，人类正在经受一场信息革命的洗礼，这场革命将带来深刻的变革，对世界产生深远影响。随着信息技术和信息产业的飞速发展，一个以知识为基础的知识经济时代已经到来，当前全球各国经济正受到新兴技术的影响，这些技术已经成为经济发展中不可或缺的关键因素，因此培养创新意识和创新能力是教育改革中一个重要紧迫的任务，同时在当今新的历史时期对人才的要求变得更加严格和苛刻。新兴产业的崛起，源于对未曾涉足的领域的开垦，这种勇往直前的精神需要具备创新思维和创造力的优秀人才。

（3）以专业技能为基本

我国对于杰出人才的评判标准，以德才兼备为最高准则。在现代社会中，人才是一个具有特殊内涵的概念。人才是立身强国的基础，因此从某种意义上说，人才是具有某种技能或特定能力的人。人才个体所展现出的才华、学识、认知和基本技能，构成其独特的表现。人才评价的基本标准应当以专业技能为核心，这是由于以下两方面的原因。

①若欲在所在职位上施展更多的才华，作出更多的贡献，必须深谙所处领域的专业知识，并具备卓越的专业素养和水准，这对每一个人来说都是非常重要的事情，也是每个从业者所要具备的基本能力。只有具备深厚的专业知识和卓越的专业素养、水准，方能将书本中的理论知识和前人的珍贵经验无缝转化为实际生产实践，从而为社会作出更大的贡献。

②拥有一支高专业水准的人才队伍，是一个企业、一个城市，甚至一个国家在竞争中立于不败之地的根本保证。可以说，专业能力强者备受社会青睐已经成为自古而今的铁律。

综上所述，大学生作为高等教育人才培养的对象，其综合素质评价，也正是要依据人才评价的原理进行。依据人才评价原理进行综合素质评价，不仅是对大学生个体和群体进行素质考察，而且是对高等教育质量的重要检验。

二、大学生综合素质评价的基本方法

大学生综合素质评价的基本要求包括客观、合理、科学等，这也就意味着评价方法上不能依靠评价者的主观臆断，或凭借大学生的学习成绩、日常表现等予以模棱两可的评判；而应该运用科学的原理和方法做出全面的测评，既讲求事实，又考究数据，依据一定的数理方法进行定量和定性的评价。目前，研究界普遍认为，大学生综合素质评价的方法可以采用层次分析法、模糊综合评判法、德尔菲法、多指标综合评价法、基于 BP 神经网络的评价方法等。

（一）层次分析法

20 世纪 70 年代，萨蒂（Saaty）提出了层次分析法，这是一种多目标评价决策法，最初被引入到教育评价领域，用于确定评价指标的权重系数，它利用专家对某一事物分析与判断的过程，计算出各种影响因素对该事物总体水平高低的作用大小。采用该方法，能够将复杂问题分解为多个组成元素，并根据它们之间的支配关系进行科学分组，从而形成有序的阶梯层次结构。在此基础上，通过两两比较的方式，对各层次中各元素的相对重要性进行合理评估，并综合这些标准来确定它们在决策中的权重。层次分析法作为一种科学的方法，可用于解决复杂的非结构化问题以及多目标、多准则等问题的决策分析，实用性广泛，因此被广泛应用于确定权重。

（二）模糊综合评判法

现代思维科学的应用揭示了一个事实，即在人类认知的多个领域当中，不确定、模糊的形势与因素是一种普遍存在的规律，如何将这些客观信息转换成相对应的主观概念来表达就成了人们普遍关注的问题。模糊综合评价法是一种基于模糊关系合成原理的方法，通过对多个因素的综合评估，对被评判对象的隶属等级状况进行全面评价，它能较好地解决实际问题中存在的模糊性，并为人们提供了一个新的解决思路和方法，具有广阔的发展前景。引入模糊综合评价不仅是对传统强制打分方法的一次革新，更是对多指标综合评价方法的一次全面升级。

大学生的综合素质评估是一个涉及多个因素和指标的复杂过程，不能简单地用优劣来区分，要做到这一点就必须从多个方面考虑。模糊逻辑以模糊集合为基础，是一种高精度解决信息不准确和不完整的方法，最显著的特点在于它能够自然地处理人类思维的主动性与模糊性。也正是因为如此，唯有综合多方面的因素，才可以作出更加具有科学性和合理性的评价。通常情况下，评价过程中存在模糊因素，因此采用模糊的方式进行评价是一种可行且更为适宜的方法。

（三）德尔菲法

德尔菲法作为对传统专家会议法的面对面方式改良与创新的方法之一，可以提高评价的效率和准确性，它主要用于解决多目标决策中存在着大量不确定因素时，决策者难以做出准确判断的难题，也可以应用于企业生产经营管理过程中的风险分析及控制。德尔菲法采用匿名通信与反复征询意见的方式，以书面形式向专家提出所需预测的相关问题，并在获得专家不同意见的答复之后，有序总结、整理与归纳这些意见，最终以匿名反馈的形式再次征询意见和反馈。在相互隔离、互不知晓的情况下，被征询的专家交换意见，并且通过数次的循环，得出了一个高度一致的预测结果。德尔菲法是以问卷调查为基础，由多个独立调查人员参加进行问卷设计与实施的过程，主要目的在于收集有关信息，并根据这些信息制定决策方案或作出相应的判断。德尔菲法以匿名性、多轮反馈沟通和预测结果统计为特征，彰显了其独特的方法论和数据分析能力。

德尔菲法在大学生综合素质评价体系中具有实用性，可用于构建一个全面的评价指标框架。德尔菲法在确定各指标权重时，具有较强的科学性和合理性，通过运用德尔菲法向有关专家、教师等征询意见与建议，指标体系的设计能够更加全面、合理反映各方的不同实际需求。

（四）多指标综合评价法

借助合适的数学模型，“合成”多个评价指标值，从而形成一个综合评价值，这就是多指标综合评价，其中非线性加权合成法、线性加权综合法以及增益性线性加权合成法，是三种常见的数学模式。

非线性加权综合法是一种基于非线性模型的综合评价方法，比较适用于评价指标之间高度相关的场合，核心在于确保备选方案的指标值大小保持一致。尽管该法权重系数的效果不及线性加权综合法显著，但对于指标变动的反应却比线性加权综合法更为显著。该方法对数据的处理要求较为苛刻，需要进行一系列复杂的计算，同时其通用性也存在一定的局限性。由于大学生综合评价的各项评价指标在本质上是相互独立的，无法满足非线性加权综合法的适用条件，因此该方法在大学生综合素质评价方面的应用相对较少。

线性加权综合法是一种利用线性模型的综合评价方法，适用于评价指标之间相互独立的情况，从而实现各评价指标之间的线性补偿，在一定条件下还可使各评价指标得到最优组合。相较于其他“合成”法，该法权重系数在凸显指标之间指标权重较大者的作用方面具有更为显著的效果。该方法不仅能反映出学生综合能力和水平，还可以体现不同学校或同一高校在某一具体专业上的差异。此方法无需特定的指标数据要求，计算简单易行，易于推广普及，具有广泛适用性和通用性。由于大学生的综合素质评价所涉及的各项指标基本上是相互独立的，因此大多数评价方法都是基于线性数学模型的综合评价。

增益性加权合成法实际上是线性加权合成法的一种扩展。在线性加权合成法中引入增益函数，构建一个综合评价函数，该函数具有增益功能，将“价值梯度”的内涵充分展现出来，随着某项工作的完成，所需付出的代价也随之增加。目前，对于大学生的综合素质评价，本法在研究界的应用还相对较少。

（五）基于 BP 神经网络的评价方法

随着运筹学、信息论系统理论等方面的不断进步，基于 BP 神经网络的评价方法已被广泛应用于大学生综合素质评价领域。由于人工神经网络具有强大的并行计算功能、自组织特性及容错机制等特点，逐渐成为目前最热门的研究方向之一。神经网络作为一种新兴的智能信息处理理论，它利用神经元的简单处理单元构建了一个非线性动力学系统，以模拟和抽象人脑的形象思维、联想记忆等，从而实现类似于人脑的识别、学习等信息处理能力。

上述五种评价方法作为常用的大学生综合素质评价方法，具有一定的科学性。当然，此外还有许多方法可用于大学生综合素质评价，在此不一一赘述。需要指出的是，不论哪种方法，都不是十全十美的。一旦运用到评价实践操作中，这些方法都或多或少会表现出一定的局限性。作为评价者，应该取其精要，扬长避短，融众家之长，以追求更加科学合理的评价结果。但更重要的是，无论何种评价方法，作为评价者及被评价者应始终认识到，评价的目的不在于结果好坏，而在于以评促建，既通过考核评价促进大学生通过努力不断提升自身综合素质，又促进教育者从评价中总结经验、改进不足，以更严谨的态度和要求去实现高等教育的理念和宗旨，追求更高的教育境界。

参考文献

[1] 郜慧敏，李佳辉．新时代大学生素质教育路径研究[J]. 公关世界，2022（20）：177-178.

[2] 陈晓娟．高校大学生素质教育水平提升路径思考[J]. 秦智，2022（10）：95-97.

[3] 张志旭，康信聪，张家银，等．大学生素质教育与人才培养模式研究[J]. 高教学刊，2022，8（13）：149-152.

[4] 曾小燕．理工科高校学生素质教育如何提升——评《中华优秀传统文化与大学生素质教育探究》[J]. 中国高校科技，2022（4）：97.

[5] 范少雯．市场经济与校园文化建设下的高校大学生素质教育研究[J]. 财富时代，2022（1）：238-240.

[6] 王丹丹，林忠心，赵颖虹，等．基于第二课堂建设的大学生素质教育实践探索[J]. 安徽工业大学学报（社会科学版），2021，38（4）：98-99.

[7] 黄力．高校图书馆在大学生素质教育方面的优势及其发挥途径[J]. 开封文化艺术职业学院学报，2021，41（6）：139-140.

[8] 曹源，詹跃勇．新时代大学生素质教育研究与实践[J]. 合作经济与科技，2022（9）：116-118.

[9] 刘峻男．我国大学生素质教育现状分析[J]. 科学咨询（教育科研），2020（12）：89.

[10] 刘燕．儒家文化精髓对当代大学生素质教育的价值探析[J]. 山东商业职业技术学院学报，2020，20（2）：57-60.

[11] 于建福．素质教育[M]. 北京：教育科学出版社，1999.

[12] 李和章，庞海芍．论大学素质教育[M]. 北京：北京理工大学出版社有限责任公司，2022.

[13] 刘吉梅，李卫平．心理素质教育[M]. 北京：中国轻工业出版社，2020.

[14] 陈壹明．学生素质教育和心理健康 [M]. 长春：吉林人民出版社，2019.
[15] 赵莉莉，赵玉莹，严崨．新形势下高校人才管理及素质教育创新研究 [M]. 延吉：延边大学出版社有限责任公司，2021.
[16] 周洪宇，龚苗．教育改革的中国方案聚焦发展核心素养的素质教育探索 [M]. 南昌：江西教育出版社有限责任公司，2022.
[17] 谷文．创新思维与素质教育 [M]. 长春：吉林大学出版社，2017.
[18] 李晓建．素质教育新篇 [M]. 合肥：安徽人民出版社，2015.
[19] 李运生．素质教育探索 [M]. 广州：广东高等教育出版社，2014.
[20] 李石宝．基于文化素质教育视角的大学校园环境建设研究 [M]. 北京：北京理工大学出版社，2019.
[21] 门星延．马克思主义人的全面发展理论视域下新时代大学生素质教育探究 [D]. 延吉：延边大学，2021.
[22] 郭俊霞．河北省大学生文化素质教育现状及对策研究 [D]. 石家庄：河北科技大学，2019.
[23] 王丹．中华优秀传统文化融入大学生素质教育的现状及对策研究——以 H 大学为例 [D]. 保定：河北大学，2018.
[24] 谢琪杰．吉首大学“立人素质教育”理念与实践研究 [D]. 吉首：吉首大学，2017.
[25] 范叶静．适应创新人才培养的大学生文化素质教育改革研究 [D]. 江苏大学，2010.
[26] 王进．大学生素质教育中的人文关怀探析 [D]. 西安：陕西科技大学，2015.
[27] 张毅．我国大学生文化素质教育问题研究 [D]. 西安：陕西科技大学，2015.
[28] 曹蕾．大学生文化素质教育基地建设的路径研究 [D]. 西安：长安大学，2015.
[29] 晋珮．马克思主义人的全面发展理论对推进大学生素质教育的新启示 [D]. 太原：太原科技大学，2015.
[30] 赵振华．新时期文化校园建设与大学生素质教育研究 [D]. 齐齐哈尔大学，2012.